모든 것을 받아들이는 시간

모든 것을 받아들이는 시간

초판 발행일 2024. 11. 26
1판 2쇄 2025. 5. 15

엮은이 한경아
그림 하정아
펴낸이 서영주

펴낸곳 성바오로
출판등록 7-93호 1992. 10. 6
주소 서울특별시 강북구 오현로7길 20(미아동)

취급처 성바오로보급소   **전화** 944-8300, 986-1361
팩스 986-1365   **통신판매** 945-2972
E-mail bookclub@paolo.net
인터넷 서점 www.paolo.kr

책값은 뒤표지에 있습니다.
ISBN 978-89-8015-955-0
교회인가 서울대교구 2024. 9. 6   SSP 1098

ⓒ 한경아, 2024.
성경 ⓒ 한국천주교중앙협의회, 2024.

- 이 책은 저작권법의 보호를 받으므로 무단전재와 무단복제를 금합니다.
  이 책 내용의 전부 또는 일부를 재사용하려면 반드시 저작권자와 성바오로출판사의 동의를 얻어야 합니다.

모든 것을
받아들이는
시간

한경아 엮음

추천의 글

이해인 클라우디아 수녀

수도자나 성직자들의 글은 지루하고 딱딱해서
재미없을 것이라는 선입견을 갖는 일이 많지만,
그러한 예상을 깨고 이 책 속의 글들은 매우 인간적인 솔직함과
따뜻함으로 다가옵니다.
한 번뿐인 삶의 길에서 각자의 성소를 식별하고
결단을 내리는 과정을 풀어 나간 다양한 이야기들이
그 자체로 감동을 줍니다.
때로는 웃음과 유머로 때로는 눈물과 회한으로
신앙 속에 승화된 고백록의 발간을 축하드리며
이 시를 함께 읽어 보고 싶습니다.

나를 부르는 당신

오를 때는 몰랐는데
내려와 올려다보니
퍽도 높은 산을 내가 넘었구나.
건널 때는 몰랐는데 되건너와 다시 보니
퍽도 긴 강을 내가 건넜구나.
이제는 편히 쉬고만 싶어
다시는 떠나지 않으렸더니
그래도 움직이는 산
그래도 굽이치는 강

차례

추천의 글

안동교구 두봉 레나도 주교 · 11

주님이 주시는 모든 것을 받아들이는 시간 / 어려움도 주님께서 마련해 주신 축복 / 주님의 이끄심이라고밖에 설명할 수 없는 / 기쁘고 떳떳하게 하느님 나라를 일군다

파리외방전교회 허보록 필립보 신부 · 23

상처받은 아이들과 따뜻한 어른이 만들어 가는 하느님 나라 / 화창한 봄날과 혹독한 겨울을 오가며 / 사랑밖에 없는 친구 예수님 그리고 하늘엄마 성모님

작은예수수도회 봉하령 요셉 신부 · 33

하느님의 뜻을 이루기 위한 결정적인 사건, 죽을 고비 / 예수님, 제 왼팔이 자라게 해 주세요 / 장애인과 비장애인이 함께하는 작은예수수도회 / 하느님, 내 하느님 어찌 저를 버리셨나이까

성도미니코선교수녀회 이미숙 아가다 수녀 · 49

당신께서 제가 이 일을 하기 원하신다면 / 주님께서 달아 주신 두 개의 날개, 은사와 웃음 / 주님께서는 구체적으로 우리 삶에 개입하고 계십니다 / 자유와 기쁨이 있는 곳, 성도미니코선교수녀회

살레시오회 최진원 마르코 수사 · 61

기쁘게 살아가는 하느님의 종 마르코 / 수도회 카리스마를 온전히 살아가는 수사 / 하느님의 뜻과 이끄심에 따라 / 사랑과 유머 그리고 귓속말

대전교구 김재덕 베드로 신부 · 75

예수님의 부르심 / 5분 성체 조배, 그리고 예수님과의 만남 / 돌머리 신학생에서 하느님 말씀을 공부한 사제로 / 부제 서품 전까지 방학 때마다 했던 아르바이트 / 8년 동안의 로마 유학 생활 그리고 첫 본당에서 이루어 낸 기적 / 4년 동안의 기다림, 그리고 유튜버 신부님

한국순교복자성직수도회 이성호 레오나르도 신부 · 89

성소 / 주님은 마음을 본다 / 말하지 않아도 아시는 예수님 / 예수님을 만날 수 있는 길, 어르신 공경 / 성경 통독 모임 · 365 말씀 순례길

수원교구 전삼용 요셉 신부 · 105

삶의 나침반이 되어 준 기도 / 나는 하느님의 모든 것을 받은 존재 / 규칙적으로 기도하는 습관 / 기도를 통해 얻은 소명에 대한 확신

예수회 박종인 사도 요한 신부 • **119**

이 집에 하느님의 축복이 / 하느님께서 주선하신 재회 / 유산으로 넘겨받은 사제 성소의 꿈 / 삶에 대한 책임감 / 내 삶은 어디로 흘러가는가?

서울대교구 이재을 사도 요한 신부 • **131**

하느님의 뜻이 이루어진 군 생활 / 말씀으로 일꾼을 세우고 사랑으로 사람을 살리다 / 각기 다른 시간에 부르심을 받은 이들을 위해 / 예수님의 생명을 그에게 불어넣어 줄 때

수원 성빈센트드뽈자비의수녀회 정배연 루피나 수녀 • **143**

주님이 채워 주신 사랑으로 / 부르짖을 때 찾아와 주시는 하느님 / 내 몫을 당신께서 해 주신 주님

후기

안동교구
두봉 레나도 주교

주님의 시간이니까 그저 주님께서 이끄시는 대로 받아들였어요.

주님이 주시는 모든 것을 받아들이는 시간

'하느님 앞에서 기쁘고 떳떳하게 살아가는' 안동교구 초대 교구장 두봉 레나도 주교님. 가난의 영성과 소박한 삶을 지향하는 주교님은 성무일도, 묵주 기도와 함께 매일 오전 한 시간씩 개인 기도를 드린다. 모든 것을 주님께 맡기는 침묵의 기도이다.

매일 오전에 개인 기도를 해요. 될 수 있으면 침묵을 지키려고 해요. 물론 나이가 많은 사람이기 때문에 잡념, 분심이랄까 전혀 안 드는 것은 아니에요. 그래도 시간을 내고 다른 할 일이 있어도 가능한 아침 8시부터 9시까지는 주님의 시간이라고 생각해요. 주님이 주시는 모든 것을 받아들이는 시간이라고 할까요?

내가 앉아 있는 곳에서 햇빛이 잘 보여요. 태양을 비춰 주고 계시는 거죠. 주님께서 자녀들에게 좋은 것을 주신다는 것을 믿고, 주님이 만들어 놓은 세상에서 마련해 주신 것을 있는 그대로 받아들이는 거예요.

 오늘 아침 복음 말씀도 "아버지께서는 우리에게 필요한 게 무엇인지 모두 아신다."라는 내용이었어요. 그 마음을 받기 위해 개인 기도를 드릴 때는 일어나서 두 손을 편 다음에 왔다 갔다 해요. 이때는 나에 대해 생각할 필요가 없어요. 기도 시간은 나를 생각하는 시간이 아니라 주님을 받아들이는 시간이거든요. 손바닥을 펼친다는 것은 주시는 것을 받아들인다는 뜻과 함께 드린다는 의미도 담겨 있어요. 응답이라고 할까요? 정성, 믿음 등 여러 가지를 주님께 맡겨 드리는 거죠.

 이처럼 매일 시간을 내는 것이 중요한 것 같아요. 어떨 때는 몸이 조금 불편할 수도 있어요. 오늘 아침에는 한국에서 같이 활동했던 신부님이 돌아가셨다는 소식을 들었어요. 부탁을 해 와서 내가 평화방송, 가톨릭신문 등에 부고를 알렸어요. 그럴 때는 분심이 들 수가 있어요. 그런 생각을 무조건 물리치지는 않아요. 그것도 덜 받아들이는 것일 수 있으니까요.

 오늘 친구가 세상을 떠났으니 생각이 나는 것은 당연한 거예요. 나쁜 생각도 아니에요. 주님의 시간이니까 그저 주님께서 이끄시는 대로 받아들였어요.

 또 평화와 기쁨을 누려야 한다는 생각도 안 해요. 하느님과 통한다면 나도 모르게 마음이 편안해지거든요.

하느님의 이끄심에 온전히 자신을 맡길 수 있다면 고요한 침묵이 가능해진다. 가장 좋은 것을 주신다고 믿고 있으니 구태여 많은 것을 청할 필요가 없는 것이다. 그 안에서 침묵은 편안하고 따뜻한 시간이 된다. 예상치 못한 고통이 따라올 때도 있다. 이때는 가장 좋은 것을 주신다고 믿으며 고통을 허락하신 이유를 헤아려 본다. 고통이 없다면 좋았겠지만 고통을 통해서도 하느님의 신비를 만날 수 있기 때문이다.

어려움도 주님께서 마련해 주신 축복

지금으로부터 60여 년 전에 제2차 바티칸 공의회가 있었어요. 공산주의 국가에서는 적극적으로 하느님이 안 계신다고 강조했어요. 자유주의 국가는 종교의 자유를 주장했어요. 그러다 보니 종교 생활을 중요하지 않게 여기는 경향이 나타나기 시작했어요. 교회의 인식이 달라져야 한다고 생각하신 요한 23세 교황님께서 세계 모든 주교를 로마로 불러 '20세기, 21세기 신앙생활을 어떻게 하면 좋을까. 바꿀 것이 있으면 바꾸고 근본적인 정신을 살려 보자'는 취지의 공의회를 소집했어요.

구체적인 예로 그때까지 모든 성사, 미사뿐만이 아니라 병자성사, 견진성사 등도 라틴말로 했었어요. 온 세상이 똑같은 라틴말로 했기 때문에 교우들이 잘 받아 주었어요. 제2차 바티칸 공의회에서는 일

치가 좋지만 교우들도 알아들어야 된다는 결론 아래 미사와 성사 등을 각각 그 나라의 언어로 하자고 발표를 했어요. 또 주교회의를 정기적으로 진행하고 옛날부터 내려온 규칙, 생활 지침 등을 그 나라 상황에 맞춰서 바꿔 나가자고 한 거죠.

당시 한국에 있던 외국인 신부들은 유교, 불교 등을 몰랐어요. 한국에 맞도록 예절을 바꾸고 강론을 해야 되니까 두 손을 번쩍 들었습니다. 신부님들이 출신 국가로 돌아가겠다고 한 거죠. 그때 안동교구에 19개 본당이 있었어요. 보좌 신부 한 명만 한국인이었고 나머지는 모두 외국인 신부였어요. 신부들이 하나둘씩 떠나면서 신부가 없는 본당이 7곳이나 되었어요. 지치고 힘들었어요. 피정을 해야 했는데, 프랑스 베네딕토 수도원으로 갔어요.

기도를 드리면서 두 가지를 결심했습니다. 첫째는 하느님께서 돌봐 주신다는 것을 믿고 모든 것을 주님께 맡기자. 내가 누군데, 내가 노력한다고 해서 뭐가 되겠는가. 모든 것이 주님의 축복이다. 어려움도 주님의 축복이라고 믿으면 맡겨 드릴 수 있으니까요.

두 번째는 개인 기도 시간을 갖는 거였어요. 신부가 되기 전에 매일 개인 기도 시간을 갖겠다고 마음먹었는데 영적 지도 신부님이 지키지 못할 약속은 하지 않는 게 좋다고 하셨어요. 그때 공부를 하고 있었거든요. 그래서 약속을 못 했는데 피정을 하면서 그것을 실천할 때가 됐다는 생각이 들었어요. 그때부터 지금까지 매일 한 시간 정도 개인 기도를 하고 있어요. 아무 말도 하지 않고 하느님 앞에 가만히 있는 거죠.

피정을 다녀온 뒤에 모든 일이 다 잘 풀렸어요. 성골롬반외방선교회, 대구대교구 등에서 신부님을 보내 주셨거든요.

주님께 맡긴다는 것은 주님의 은총을 받아들이고 주님의 도움을 받아들인다는 거예요. 젊은 사람은 앞날에 대해, 건강에 대해, 신경 쓰는 일이 많을 수밖에 없어요. 결혼을 비롯해 결정할 일이 많거든요. 할 일은 해야 해요. 그러나 '무엇보다 주님께서 이끌어 주시는 대로 산다, 그래서 고맙다.' 그 마음을 가져보는 거예요.

주님의 이끄심이라고밖에 설명할 수 없는

하느님께서 숨을 불어넣어 주셨으니, 자연의 모든 피조물은 숨을 쉰다는 것으로 살아 있음을 증명한다. 숨이 곧 생명의 근원이지만 일상에서 공기를 인식하며 살아가지는 않는다. 만질 수 없고 볼 수 없으며 느낄 수조차 없기 때문이다. 성령 또한 눈에 보이지 않지만 우리가 어둠을 멀리하고 빛을 향해 나아가도록 이끌어 주신다. 고요하고 부드럽게 스며들어와 생각을 변화시켜 주시는 것이다. '나를 나보다 더 잘 아시고 사랑하시는 하느님이 나와 함께 계신다는 믿음, 이것이 바로 주교님께서 우리에게 바라시는 믿음이다.

안동을 떠나서 경기도 행주의 공소에 있었어요. 교우들이 비교적 많은 마을이었어요. 주일이면 성당은 작았지만 교우들로 꽉 찼어요. 재미있게 살았어요. 당시 부회장님이 미사드릴 때 준비해 주고 미사 끝나면 정리해 주고 바깥에서 종도 치고, 성당 건물을 관리해 줬어요. 그 집에 찾아가 봤더니 아내가 있고 고등학생 아들과 중학생 딸 그리고 할머니가 있었어요. 할머니가 건강이 나빠서 전혀 듣지도 말하지도 못했어요. 이야기를 건네 보았더니, 전혀 반응이 없었어요.

어느 날, 미사가 끝나고 부회장님이 "요새 우리 어머니가 몸이 안 좋아요."라고 들려주었어요. 다른 때 같았으면 그날 또는 그다음 날, 빠른 시일 내에 방문을 했을 텐데 어찌 된 일인지 잊어버렸어요.

몇 주가 지나고 어느 날, 저녁 5시였던 것 같아요. 어디를 가려고 했는지는 잘 기억이 나지 않는데 갑자기 할머니 생각이 났어요. '할머니가 몸이 안 좋다고 했는데 왜 내가 그 사실을 잊어버렸을까. 즉시 방문해야겠다.' 그래서 방향을 바꿔서 바로 찾아갔어요.

울타리 있고, 대문이 있고, 마당이 보였어요. 마침 사과나무 밑에 할머니가 앉아 있었어요.

할머니 옆에 앉으며 "몸이 많이 안 좋으시다면서요?"라고 물었어요. 듣지는 못하지만 안부를 물어본 거죠.

그랬더니 할머니가 "요즘은 괜찮아요."라고 대답하시는 거예요.

깜짝 놀랐습니다.

"할머니 들리십니까?"

"네. 다 들려요. 괜찮아요."

이야기를 들어 보니 며느리가 미워서 다 듣고 있으면서도 못 들은 척했던 거였어요.

언제부터 그랬는지 물어보니 "십 년 전부터였다."라고 대답했어요.

"예전에 저와 둘만 만난 적이 있었는데 왜 그때도 말씀을 안 하셨어요."

"말이 새어 나갈까 봐 그랬어요."

그러면서 "고해성사 주셨으면 좋겠어요."라고 했어요.

"여기서 드릴까요?"

"아니요. 제 방에서 해 주세요. 조용히 성사를 보고 싶어요."

그날 할머니에게 성사를 주고, 안수를 해 줬어요. 나도 비밀을 지켜야 했으니 오늘 들은 이야기는 하지 않기로 했어요.

다음 날 아침 부회장님에게 "어제저녁에 할머니한테 갔다 왔습니다."라고만 했어요. 바로 그 순간에 큰애가 "아빠, 아빠 빨리 집에 가 보세요. 할머니 몸이 안 좋아요."라면서 성당 문을 열고 뛰어 들어왔어요.

부회장님이 "오늘 아침에도 괜찮았는데."라고 말했지만 집에 가 보니 할머니가 심장마비로 돌아가신 거예요. 주님의 이끄심으로밖에 설명할 수가 없어요.

왜 때마침 그날 할머니가 생각났을까, 왜 방향을 바꿔서 찾아갔을까? 왜 할머니가 10년 동안 아무한테도 하지 않았던 비밀을 털어놓았을까?

후에 알게 되었는데 친구 한 명만 비밀을 알고 있었다고 했어요.

장례 미사 때 며느리한테 말하기가 좀 어려웠지만 그래도 할머니가 주님의 축복 아래 깨끗한 마음으로 하늘나라에 가셨다고 발표했어요.

기쁘고 떳떳하게 하느님 나라를 일군다

손수 유기농 농사를 지으며 인근 주민들과 나누는 주교님의 보금자리는 경상북도 의성군 봉양면이다. '두봉 천주교회'라고 적힌 문패를 지나면 아담하지만 정성껏 가꾼 마당이 나온다. 최근 유재석 씨가 진행하는 방송 '유퀴즈'에 출연하신 뒤로는 전국 각지에서 다양한 사람들이 주교님을 만나길 희망하며, 이곳을 찾는다.

여러 방송에 나갔고, 특히 '유퀴즈' 출연 이후에는 찾아오는 사람이 많아졌어요. 누가 찾아올지 몰라요. 오늘도 점심에 안동에서 두 사람이 왔다 갔어요. 사고로 하루아침에 아들을 떠나보낸 어머니가 오기도 했어요. 그럴 때는 면담이라고 부를까요? 상처를 어떻게 극복할 수 있을지 가르쳐 줘요.

외인이라면 상황을 봐요. 내가 성직자라는 것을 알고 찾아온 만큼, 종교적인 이야기를 먼저 꺼내면 하고 그렇지 않으면 가만히 있어요. 찾아오는 사람들의 이야기를 더 많이 들어 주려고 하는 거죠.

기적이라고 볼 수는 없지만 여러 가지 일이 많이 생깁니다. 내가 원했던 것은 분명히 아니었지만 많은 사람들을 만나면서 좋은 일이 생겨요. 이러한 일들이 우연이라고 생각하지는 않아요. 주님께서 우리의 만남을 허락하셨고 나아가 원하시기에 이루어졌다고 믿어요. 그래서 고마워요. 언제 어디서 누가 찾아와도 기쁜 마음으로 함께 시간을 보내요.

'두봉 천주교회'는 모두를 향해 활짝 열려 있다. 그래서 누군가에게는 경유지가 되고, 때론 목적지가 되기도 한다. 주교님을 만나는 우연은 하느님이 마련하신 선물이니 방문객에게 더 큰 축복으로 다가간다. 햇살이 쏟아지는 거실로 들어서면 세월의 흔적이 고스란히 묻어 있는 낡은 소파가 소박함이 주는 편안함을 느끼게 한다. 어느덧 십자고상 아래는 방문객과 사진을 촬영하는 명소가 되었다. 그 누구에게도 믿음을 강조하지 않지만 하느님의 사랑이 주교님을 통해 방문객 한 사람, 한 사람의 마음에 따뜻한 빛을 채워 주는 것이다.

주교님을 만나지 못한 아쉬움은 내일의 설렘이 된다. 주교님을 만나러 가는 발걸음 속에서 하느님께서 마련하신 것을 있는 그대로 받아들이는 지혜가 싹트는 것이다. 덧붙여 주교님께서는 "주고받는 것이 아니라 한없이 내어 주는 것, 그것이 바로 하느님께서 우리에게 바라는 이웃 사랑"이라고 말씀하신다.

지난날 헐벗고 가난한 대한민국을, 하느님을 그리워하는 교우들을 위로해 주셨던 것처럼 말이다. 이제는 종교와 세대를 초월해 기쁘고 떳떳하게 살고 싶은 이웃들을 위로하며 행복의 참된 의미를 가르쳐 주신다.

온 생애를 걸쳐 이웃을 사랑하는 주교님이시기에 그 모습에서 하느님의 사랑을 느낀다. 침묵 속에서 주님의 이끄심에 온전히 '나'를 맡겨야 한다는 가르침은 '좋고 나쁨'을 판단하는 것 또한 우리의 몫이 아니라 이른다. 시간의 주인이시고 지혜이신 하느님을 믿고 나를 온전히 내어 드리는 것, 그것이 바로 하느님을 향한 우리의 사랑이기 때문이다.

두봉 레나도 주교님은 1950년 파리외방전교회에 입회, 1953년 사제품을 받았습니다. 이듬해인 1954년 6·25 전쟁으로 극심한 빈곤에 시달리는 한국으로 파견, 1969년부터 1990년까지 천주교 안동교구 초대 교구장을 역임했습니다. 1978년 핍박받는 농민의 구명 활동에 앞장서는 등 한평생 가난하고 소외된 사람들을 위해 헌신해 왔습니다. 한국 이름 '두봉'은 산봉우리에서 노래하는 두견새를 뜻합니다. 2025년 4월 10일 선종하셨습니다.

파리외방전교회
허보록 필립보 신부

사랑밖에 없는 친구 예수님 그리고 하늘엄마 성모님

상처받은 아이들과 따뜻한 어른이 만들어 가는 하느님 나라

크고 작은 상처를 끌어안고 거리를 방황하는 아이들의 아버지 허보록 신부님. 30여 년 전 안동교구에서 보좌 신부로 사목하던 시절, 무료 급식소에서 다섯 아이를 만난 뒤 지금까지 아동·청소년을 위한 그룹홈을 운영하신다. 신부님의 한결같은 믿음과 사랑 속에서 400여 명의 아이들은 잃어버렸던 미소를 되찾고 꿈을 향해 나아가고 있다. 방임과 학대로 두려움에 사로잡혀 있던 아이들이 어느 날 아침 졸린 눈을 비비며 방긋 웃을 때, 함께하시는 하느님을 만날 수 있다.

가톨릭 집안에서 태어나 어려서부터 온 가족이 함께 모여 기도를 드렸습니다. 예수 성심, 성모 성심, 성인 신심을 키워 나가는 한편 봉사 활동에 참여했습니다. 제가 청소년이었을 때 베트남 전쟁이 끝나고 공산주의 정부가 들어서면서, 그리스도인들의 박해가 시작됐어요. 종교의 자유를 찾아 난민이 된 보트피플을 프랑스 정부가 받아들임에 따라 교구별로 난민 가족들을 돌봐 주었습니다. 당시 부모님도 다섯 가구를 돌봤어요. 아버지는 베트남 아저씨들에게 일자리를 마련해 주고 아이들이 학교에 다닐 수 있도록 도와주었습니다. 어머니는 아주머니들에게 요리 등을 가르쳐 주었어요. 저희 형제는 아이들의 친구가 되어 함께 놀고, 프랑스어를 가르쳐 주었습니다. 가톨릭스카우트 지도자로 활동하고 기도 생활도 열심히 했지만, 사제가 되고 싶다는 마음은 없었어요. 어려운 이웃과 함께하는 시간 못지않게 운동과 음악 등 즐거운 일이 많았거든요.

그러던 어느 날, 형이 사제가 되겠다며 신학교에 입학했어요. 서운해하시는 부모님을 뵈며 형을 대신해 부모님을 모셔야 한다는 책임감이 커졌습니다. 훗날 결혼도 하고 싶었으니, 더더욱 사제로서의 삶은 상상하지 못했어요. 그러나 얼마 지나지 않아 방송을 통해 만난 마더 데레사 수녀님의 감동적인 삶은 제 생각을 바꿔 놓기에 충분했어요. 가난한 사람들 속에서 예수님의 사랑을 실천하시는 수녀님을 보며, 문득 예수님께서 데레사 수녀님을 부르신 것처럼 나를 부르신다면 어떻게 대답할 수 있을까? 한 번 시작된 질문은 이후로도 계속되었고 점점 하느님을 위해 삶을 바치고 싶다는 성소가 자라나기 시작했어요.

본당 신부님께 제 마음을 고백했습니다. 신부님의 지도 속에서 점점 세상적인 것들에 관심이 사라지고 기도 생활이 더 좋아졌어요. 부모님께 수도자가 되고 싶다고 말씀드린 뒤 로마로 떠나 신학을 공부했습니다. 그 과정에서 마더 데레사 수녀님을 무려 4번이나 만났어요. 덕분에 수녀님께 영적 지도를 받고 좋은 말씀도 들었습니다.

입회를 위해 선교회를 알아보던 중 파리외방전교회의 역사에 감동을 받았습니다. 프랑스 선교사의 역사를 배우며 지난날 조선에서 박해로 순교하신 선배님들이 계신다는 것도 알게 되었어요. 파리외방전교회 입회한 뒤 1990년 요한 바오로 2세 교황님께 사제 서품을 받았습니다. 첫 미사를 봉헌하고 한국으로 오게 되었습니다. 강화도의 작은 공소에서 신자들과 생활하다가 1993년 안동교구 영주 하망동 성당 보좌 신부로 발령을 받았습니다. 당시 본당에서는 어르신들을 위한 무료 급식소를 운영했습니다. 매일 90여 분의 어르신이 식사를 하셨는데, 하루는 어르신들 가운데 다섯 어린이가 보였어요. 한눈에 봐도 거리에서 생활하고 있다는 것을 알 수 있었습니다. 손톱도 까맣고 머리도 지저분했거든요.

"토요일마다 어린이 미사 마치고 축구 시합을 하고 있으니 놀러 오렴. 예수님 믿지 않아도 괜찮아. 오늘 저녁에 와도 좋아."

몹시 추운 날이었거든요. 잘 곳이 없었던 아이들은 그날 저녁 바로 성당을 찾아왔습니다. 이불을 가져와서 함께 잔 뒤, 다음 날 목욕탕에 데려갔어요. 그리고 주임 신부님께 아이들과 같이 살고 싶다고 말씀드렸어요. 주임 신부님이 본당 근처에 빈집 하나를 마련해 주셔서, 아이들과 함께 살기 시작했습니다. 당시 아이들은 추위와 배고픔을 견디기 위해 본드를 흡입하고 있었습니다. 그래서 바로 학교에 보내는 대신 중독에서 벗어날 수 있도록 등산을 비롯해 여러 가지 운동을 함께했어요. 몸과 마음이 건강해지면 천주교에서 운영하는 보육 시설에 보내려고 했으나, 이후 어려운 아이들을 계속해서 만나게 되었습니다.

이윽고 주교님께서 저를 옥산 본당의 주임 신부로 보내셨어요. 주임 신부로서 경험을 쌓은 뒤 가난하고 상처받은 아이들의 아버지로 살길 원하셨어요. 주교님의 뜻에 따라 안동시의 구 농민 회관은 남학생들을 위한 보금자리, 프란치스코의 집이 되었습니다. 저는 아버지로서 남학생들과 함께 생활하게 되었어요. 앞서 다섯 어린이와 생활하면서 엄마 역할을 해 주실 수녀님이 필요하다고 느껴, 수녀님을 보내 달라고 부탁드렸어요. 덕분에 여학생을 위한 그룹홈 글라라의 집도 마련되었습니다.

화창한 봄날과 혹독한 겨울을 오가며

신부님은 긴 세월 동안 아이들의 아버지로서 살아갈 수 있었던 힘은 하느님께서 보내 주신 봉사자들 덕분이라고 말씀하신다. 서로가 서로를 사랑하며 한마음 한뜻으로 하느님 나라를 만들어 가는 것이다. 그렇다고 해서 모든 시간이 화창한 봄날이었던 것은 아니다. 지금도 신부님은 수감된 아들을 만나기 위해 매달 교도소를 찾는다. 그보다 혹독한 날도 있었으니, 한 봉사자의 흉기 난동 사고였다.

수녀님의 소개로 교도소에서 모범수로 출소한 봉사자를 알게 되었고 프란치스코의 집에서 함께 생활했습니다. 어느 날 한 아이의 얼굴에서 멍 자국을 발견했어요. 물어봤더니 그 남자한테 맞았다고 하더군요. 한두 번이 아니었어요. 평소에는 온순한데 술을 마시면 폭력적으로 변했던 거죠. 수녀님께 얘기해서 나가 달라고 했어요. 마땅한 거처가 없었기 때문에 한 달간 여유를 주었습니다. 떠나기 전날 밤, 그는 술을 많이 마시고 흉기를 휘둘렀어요. 제압하는 과정에서 저와 봉사자, 어린이 그리고 출동한 경찰까지 상해를 입었습니다. 상처가 깊었고 충격도 커서 수술이 끝난 뒤 프랑스로 돌아가 일 년간 머물렀어요. 가족들은 한국으로 돌아가는 것을 만류했지만 방황하고 있을 아이들이 떠올라 한국으로 돌아왔어요.

얼마 뒤 수원교구 사회복지 담당 신부님의 소개로 수원교구 주교님을 만났습니다. 주교님께서는 수원교구에도 출소한 청소년을 비롯해 상처받은 아이들이 많다고 말씀하셨어요. 마침 수원교구 신부님이자 제 지도 신부님이셨던 파레이몬드 신부님께서 군포에 요양원으로 사용하던 건물이 비어 있다며, 사용을 허락해 주셨어요. 군포시청에 허가를 받고 아동·청소년 그룹홈 요한의 집을 설립했습니다. 당시 나이가 가장 어린 학생은 열여섯 살이었고 가장 많은 청년은 서른두

살이었어요. 20여 명이 함께 생활하다 보니 삶이 정말 곤궁했어요. 얼마 뒤 파레이몬드 신부님께서 집을 그냥 주셨습니다. 그쯤 군포시청에서 관련 법규를 토대로 19세 이상의 청년은 독립시켜야 한다고 말했어요. 함께 생활이 가능한 아동의 수도 7명이 넘으면 안 된다고 했어요. 청년들에게 자립을 준비시키는 한편 수원교구에서 대출을 받아 군포로 456번길에 지금의 집을 마련했습니다.

1층은 공동체 생활실, 2층은 경당, 3층은 야고보의 집, 4층은 요한의 집 그리고 옥탑은 제가 생활하는 공간입니다. 경당에는 우리 집의 수호성인 성 요한과 성 야고보를 모셨습니다. 군포시청에서 각 집마다 세 분의 사회복지사를 보내 주셨어요. 하느님께서 좋은 선생님과 봉사자를 보내 주신 덕분에 모든 것이 점점 좋아졌습니다.

그러던 어느 날 과천 본당 신부님께서 저를 찾아오셨습니다. 과천에 어려운 아동 2명이 있으니 받아 달라고 부탁하셨어요. 이미 야고보의 집과 요한의 집에는 각각 7명의 아이들이 살고 있었어요. 때마침 과천에 한 신자께서 아이들을 위해 집을 내어 주셨어요. 그렇게 해서 베드로의 집이 생겼습니다.

사랑밖에 없는 친구 예수님 그리고 하늘엄마 성모님

신부님은 아이들을 전문적으로 돌보기 위해 사회복지사 자격증을 취득하고 시설장을 역임하셨다. 지금은 한국인 시설장이 사회복지사들과 함께 각각의 집을 운영한다. 때문에 신부님의 자리는 이제 아버지이자 할아버지이다. 신부님의 보살핌 속에서 건강하게 성장한 아들과 딸들이 결혼을 하고 자녀를 낳아, 명절이면 손을 맞잡고 함께 찾아오는 것이다.

대체로 남자아이들은 오토바이를 좋아합니다. 종종 사고가 나기도 하고 싸움을 할 때도 있어요. 출소한 직후에는 조금 더 심하죠. 때문에 경찰서에 자주 가곤 합니다. 그럼에도 우리가 하나의 공동체라는 사실은 변함이 없어요. 지속적으로 관심을 갖고 사랑을 베풀면 아이들도 조금씩 달라집니다. 가족으로서 우정과 사랑을 쌓아 나가는 것이죠.

힘들 때도 있습니다. 후원자의 배려로 회사에 입사한 청년들이 제대로 일을 하지 않을 때가 많거든요. 회사에 손해를 끼칠 때도 있어요. 안타깝지만 후원자와의 관계도 끊어지곤 합니다. 어쩔 수 없는 일입니다. 상처가 깊어서 마음을 잡을 때까지 시간이 오래 걸리니까요. 옳고 그름을 가르쳐도 좀처럼 듣지 않아요. 다시금 교도소에 수감되기도 합니다. 저 역시 실망하고 상처도 받아요. 그 시간을 통해 저는 하느님 안에서 인내하고 용서하는 법을 배웁니다. 그럴 때면 하느님을 향한 믿음 없이 보육 시설을 운영한다는 것은 어려운 일이라는 생각이 들어요.

방임과 학대를 받은 아이들의 상처가 얼마나 깊은지 사실 알 수 없습니다. 마음뿐 아니라 영혼도 상처를 입으니까요. 다수의 아동이 매주 1회 심리 상담 등을 하지만 완전하게 치유되지 않아요. 너무 깊은 상처는 인간적으로 고칠 수 없기 때문이죠. 그래서 기도를 드려야 합니다. 영혼의 상처는 예수님만이 고쳐 주실 수 있거든요. 늘 예수님께 아이들의 상처를 낫게 해 달라고 기도합니다. 덕분에 30여 년간 아이들과 함께하며 예수님께서 베풀어 주신 사랑을 자주 보게 됩니다.

아이들의 또 다른 상처는 '엄마'라는 말을 할 수 없다는 거예요. 그러나 천주교 신자인 우리에게는 '하늘엄마'가 계십니다. 아이들에게 성모님이 우리의 '하늘엄마'라고 가르쳐 줍니다. 성모님을 엄마로 모실 수 있도록 안내하는 거죠. 매년 성모의 밤에 아이들이 성모님께 편지를 씁니다. 편지를 보면 정말이지 깜짝 놀라요. 많은 아이들이 성모님을 어머니로 모시고 있거든요. 사랑한다는 표현도 무척 많습니다.

예수님은 사랑밖에 없는 친구라고 가르쳐 줍니다. 그러다 보면 기도가 습관이 되고, 아이들의 마음도 점점 안정을 되찾게 됩니다. 기도를 드림으로써 큰 도움을 받을 수 있다는 것을 스스로 깨닫는 것입니다. 이처럼 믿음이 있다는 것은 우리에게 가장 큰 자산이에요. 그래서 따뜻한 보금자리를 넘어 하느님 나라를 가르쳐 주기 위해 노력합니다. 눈으로 볼 수는 없지만 예수님 사랑, 성모님 사랑을 느낄 수 있도록 말입니다. 주님을 만날 수 있다는 희망, 주님이 보호해 주고 계신다는 믿음을 아이들에게 주고 싶어요.

요한의 집, 야고보의 집 그리고 베드로의 집에서는 부활절, 성모의 밤, 크리스마스 못지않게 중요한 날이 있다. 아이들의 생일이다. 신부님은 경제적으로 어렵다 해도 아이들의 생일은 그 어느 때보다 성대하게 보낸다. 아이들 스스로 자신의 생일을 가장 기쁜 날로 기억하고, 기다리길 바라는 마음에서다.

덕분에 '넌 귀한 존재다. 태어나 줘서 고맙다. 사랑한다.'는 메시지가 아이들의 가슴에 닿고, 아이들은 잃어버렸던 미소를 되찾는다. 하느님의 사랑과 보호하심을 서서히 알아 가는 것이다.

허보록 필립보 신부님은 1986년 파리외방전교회 입회하여 1990년 6월 사제품을 받고 한국에 왔습니다. 안동교구에서 사목할 때 거리에서 생활하는 아이들의 보금자리 프란치스코의 집, 글라라의 집을 설립했습니다. 이후 수원교구에서 다시금 아동·청소년 그룹홈 요한의 집, 야고보의 집, 베드로의 집을 설립하고 30여 년간 방황하는 아이들의 아버지로 살고 있습니다. 수많은 아이들이 신부님과 함께 생활하며 안정을 되찾고 하느님의 사랑을 깨달아 가고 있습니다. 신부님은 군포시장상, 위대한 프랑스인상, 청소년푸른성장대상, 아산상 사회봉사상 등을 수상하셨고 하느님의 사랑을 대한민국 전역에 가르쳐 주고 계십니다.

작은예수수도회
봉하령 요셉 신부

예수님, 제 왼팔과 왼손이 자라게 해 주세요.
다른 건 하나도 필요 없어요.
전능하시니까 제 기도 꼭 들어주세요.

하느님의 뜻을 이루기 위한 결정적인 사건, 죽을 고비

하느님께서 허락하신 고통 안에는 하느님의 사랑과 자비가 숨겨져 있어, 우리를 하느님께로 인도한다. 한 걸음 더 나아가 죽음의 문턱에 서 있노라면, 아버지의 이름을 간절히 부르짖게 된다. 그런 의미에서 봉하령 요셉 신부님은 하느님의 뜻을 이루기 위해서는 '죽을 고비'를 넘겨야 한다고 말씀하신다.

우리는 고통을 통해 주님의 은총을 만날 수 있습니다. 더 나아가 죽을 고비를 넘기면 하느님을 온전히 만날 수 있어요. 하느님의 도우심 없이는 죽음의 문턱에서 살아 돌아올 수 없으니까요. 저는 태중에서부터 죽음과 마주했습니다. 충청북도 진천의 겨울은 엄청나게 춥습니다. 그 추위에 천막에서 의식주를 해결해야 할 만큼 가난한 것도 모자라 아버지가 사기를 당했거든요. 당장 먹고살 끼니가 없으니, 어머니는 태중에 있던 저를 몇 번이나 지우려고 했습니다. 그때마다 제가 생명줄을 붙잡고 놓지 않았다고 합니다.

저는 3남 1녀의 막내로 태어났습니다. 출산 때 머리가 먼저 나와야 하는데 저는 왼손이 먼저 나왔다고 해요. 진통 중에도 어머니는 손을 다시 집어넣고 가까스로 저를 낳으셨습니다. 세상 밖으로 나온 제 왼팔은 새파랗게 죽은 듯 보였습니다. 시간이 지나면서 죽어 있던 왼팔과 왼손에 서서히 피가 돌기 시작했고, 일주일 정도 지나자 혈색이 돌아왔다고, 30년이 지난 어느 날 어머니께서 말씀해 주셨어요.

이듬해 겨울, 저는 돌도 되기 전에 또 한 번 죽을 고비를 넘겼습니다. 정확히 말하면 죽었다가 다시 살아났습니다. 매서운 한파가 몰아치던 1월의 어느 날 어머니는 어린 저를 업고 돌을 쌓아 만든 우물에서 물을 길어 빨래를 하고 있었는데, 때마침 지나가던 동네 할머니가 도와주신다며, 저를 받아 대신 업고 두레박줄을 당겼어요. 그 순간 할머니는 꽁꽁 얼어붙은 빙판에서 미끄러져 깊이 20미터의 우물 속으로 떨어졌습니다. 지나가던 아저씨가 그 모습을 보고, 양손과 발에 의지해 가까스로 우물 밑으로 내려갔지만, 할머니는 이미 숨을 거두셨습니다. 갓난아기인 저도 마찬가지였습니다. 아저씨는 저를 두레박에 묶어 우물 밖으로 내보냈습니다. 이윽고 가지고 다니던 침통에서 침을 꺼내 제 머리와 발바닥에 놓았습니다. 그리고 얼마 지나지 않아 숨이 끊어졌던 아기가 갑자기 울기 시작했다고 합니다. 이후로 동네 사람들은 저를 가리켜 "하늘이 살린 애"라고 말씀하셨습니다.

그렇게 시간이 흘러 열 살이 되었습니다. 저는 크고 작은 사고를 달고 다니는 개구쟁이였습니다. 그날도 어김없이 친구들과 분유통에 돌멩이를 넣고 '뼁' 찬 뒤 술래잡기를 했어요. 저는 담임 선생님 댁에 숨어 있었는데, 어딘가에서 "선생님 오신다."는 친구의 목소리가 들렸어요. 깜짝 놀라 대문을 박차고 나오다가 순간, 그 앞을 지나가는 경운기와 부딪혔어요. 피대가 돌아가고 있었는데, 하필이면 직경 12센티 타원형의 피대 가운데로 제 두 팔이 말려 들어가고 말았습니다.

 황급히 전원을 껐지만 피대가 멈추려면 시간이 걸렸습니다. 찰나의 시간이지만 말려든 팔을 절단하기에는 충분했지요. 왼팔은 절단되었고, 오른팔은 형태를 알아볼 수 없을 만큼 처참하게 뭉개졌습니다. 저는 너덜거리는 손으로 잘린 팔을 들고 150미터 거리의 보건소로 달려갔습니다. 그리고 의사 선생님께 "팔 붙여 주세요."라고 한마디를 내지른 뒤 기절했습니다. 출혈이 너무 심했고, 비포장도로여서 서울로 갈 수는 없었다고 합니다. 지체하면 목숨이 위험할 수 있는 상황이었으니까요. 기절한 저를 보건소 차에 태워 2시간 거리의 청주 이영수 외과 병원으로 갔습니다. 하루를 꼬박 수술했지만 결국 왼팔은 절단된 채로 마무리되었고, 오른팔만 가까스로 사용할 수 있게 되었습니다. 퇴원 후 학교에 가자, 친구들이 저를 바라보는 시선이 달라졌습니다. 장애를 놀리고 조롱하기 시작한 거죠. 그때마다 저는 당사자에게 달려가 가차 없이 주먹질을 했습니다.

예수님, 제 왼팔이 자라게 해 주세요

슬퍼하는 어머니를 보며, 여차하면 주먹부터 나가는 자신의 모습을 보며 이대로는 깡패밖에 될 수 없다는 결론에 다다른 열한 살 소년은 마음을 바꾸기로 다짐했다. '나와 함께하는 사람들이 기쁘고 행복할 수 있도록 속마음을 감추고 웃자.'라고 결심한 것이다. 신부님은 이 또한 당신에게는 죽을 고비였노라 술회한다.

그 무렵 이웃 아주머니가 어머니에게 성당에 나가자고 권유하셨어요. 하느님을 믿으면 제가 편안해질 수 있다는 말씀과 함께요. 아버지와 저도 어머니의 뜻에 따라 함께 성당에 나가기 시작했습니다. 세례를 받아야 하는데 어머니가 글을 모르셨어요. 본당 신부님께서 제게 어머니가 사도 신경, 주님의 기도, 성모송 등의 기도문을 외울 수 있도록 가르쳐 드리라고 말씀하셨어요. 온종일 떡시루를 머리에 이고 다니며 장사를 했던 어머니는 열심히 하셨지만 결국 주님의 기도밖에 외우지 못했어요. 1979년 봄(부활 대축일)에 아버지가 세례를 받으셨습니다. 뒤이어 8월 15일 성모 승천 대축일, 본당 신부님은 주님의 기도만 외운 어머니(안나)에게 세례를 주셨습니다. 옆에서 기도문을 가르쳐 드렸던 제게는 요셉이라는 세례명으로 세례를 주셨습니다. 당시 본당 수녀님께서 "예수님 몸을 처음 받을 때 하는 기도는 예수님이 꼭 들어주신다."고 말씀하셨어요. 첫영성체 후 저는 간절히 기도

했습니다.

'예수님, 제 왼팔과 왼손이 자라게 해 주세요. 다른 건 하나도 필요 없어요. 전능하시니까 제 기도 꼭 들어주세요.'

이후 매일 성당에 나갔지만 손이 자라날 기미는 좀처럼 보이지 않았어요. 2년 동안 간절히 기도드렸지만 결과는 마찬가지였어요. 화가 난 저는 본당 수녀님을 찾아가 "수녀님, 저를 속이신 거죠. 왜 거짓말 하셨어요."라고 따졌습니다.

본당 수녀님은 빙그레 웃으시며 "계속 기도하면 생겨."라고 대답하셨어요. 그 뒤로는 주일 미사만 참례했습니다. 대신 장애가 제 삶에 걸림돌이 되지 않도록 이를 악물고 죽을힘을 다해 피눈물을 흘리며 장애를 극복하며 살았습니다. 양손이 있는 사람이 하는 건, 다 한다는 각오로 혼자만의 싸움을 이어 나간 거죠. 덕분에 축구, 수영, 볼링, 테니스, 탁구, 농구 등 스포츠는 물론 자동차 운전도 하고 부엌살림도 할 수 있게 되었습니다. 양손이 필요한 일은 다른 방법을 찾아 해냈고, 심지어 시멘트 벽에 못도 박을 수 있습니다.

이후 스물두 살이 되었을 때 제 삶은 새로운 변화를 맞이했습니다. 마산교구가 주최한 젊은이를 위한 피정 '선택'에 참가한 덕분이었습니다. 총 12개 프로그램으로 구성되고, 5~7명이 한 팀(팀마다 ME 부부가 협조)으로, 프로그램 하나가 끝날 때마다 서로의 생각을 나누는 피정이었습니다. 열한 살 때 이후로 '내가 아무리 속상해도 남들 앞에서는 웃자. 나와 함께 있는 사람을 행복하게 만들자.' 그리고 '속마음을 감추자.'라고 다짐했으니, 본심을 말하기보다는 듣기 좋은 말만 했습니다. 그러다 문득 진심이 없는 나눔이 무슨 의미가 있을까 싶더군요. 여섯 번째 프로그램부터 진짜 하고 싶던 속마음을 이야기했습니다. 피정의 주제 그대로 변화를 '선택'한 것입니다. 피정 중간에 마산교구 청소년 국장 신부님께서 예상치 않은 말씀을 하셨습니다.

"요셉아, 모든 이야기를 듣고 나니, 너야말로 대한의 건아다. 장애를 극복하기 위한 네 노력이 눈물겹구나. 그러나 너에게는 부족한 것이 하나 있단다. 우리에게는 성전이 두 개가 있는데 바로 눈에 보이는 성전과 마음속 성전이란다. 네 마음속 성전에 누구와 함께 있는지 또 주님께서 함께하시는지 들여다보렴. 너는 장애를 갖는 순간부터 극복할 생각만 하며 누구의 도움 없이 스스로 모든 일을 해내겠다고 다짐했어. 그렇게 스스로를 완전하게 만들고, 또 스스로를 보호한다는 명분으로 네 마음에 아무도 받아들이지 않으면 누가 네 마음의 성전에서 함께할 수 있겠니?"

"그럼 어떻게 해야 할까요?"

"너 자신을 있는 그대로 보여 줘. 그리고 도움을 청해."

신부님의 말씀이 큰 울림이 되어 가슴에 와 닿았고, 기존 생각에 변화를 주기로 결심했습니다. 피정에서 돌아온 뒤 제가 가장 먼저 한 일은 상의 겉옷을 벗는 것이었습니다. 그동안 장애를 감추기 위해 한

여름에도 긴 점퍼를 입고 다녔거든요. 비로소 사람들의 시선에서 자유로워진 거죠. 그러자 본당 활동도 할 수 있겠다는 생각이 들었습니다. 스물세 살이 되었을 때 청년 성가대와 레지오에 가입했어요. 즐겁고 행복했습니다. 동시에 슬프고 힘들었습니다. 장애로 인해 취업을 할 수 없었거든요. 성인이 되었지만 경제 활동은 어머니의 몫이었고, 저는 어머니를 대신해 집에서 살림을 했습니다. 죄송한 마음이 깊었던 것일까요? 성탄 밤 미사를 드리는데 어렵게 준비한 성가를 부를 수가 없었어요. 설움이 북받쳐 하염없이 눈물이 흘렀거든요.

장애인과 비장애인이 함께하는 작은예수수도회

장애가 있지만 언제, 어디서, 누구를 만나도 환하게 웃던 청년을 보며 사람들은 '온화한 가정에서 부모님의 사랑을 듬뿍 받고 자란 덕분에 구김살이 없고 긍정적이다.'고 말했다. 하지만 지독히 가난한 삶에 고통과 시름이 수반되는 것은 어쩔 수 없는 현실이었다.

아버지는 술을 좋아하셨습니다. 흔히 말하는 알코올 중독이었어요. 늘 술에 취해 있으니 어머니와 싸움이 그칠 날이 없었습니다. 싸움은 언제나 폭력으로 끝났습니다. 문득 제가 처한 현실이 퍽이나 슬퍼 보였습니다. 그런데도 제가 세상을 원망하지 않고 하느님을 찾고 있다는 사실에 눈물이 흘렀습니다. 그 마음이 곧 은총이며 하느님께서 현존하신다는 뜻이니까요. 늘 저와 함께해 주시는 하느님을 느끼며, 성가대 단원들과 마산 진동에 있는 가르멜수도원으로 피정을 떠났습니다. 그리고 제 삶의 방향을 정했죠. 수도원에 입회하기로 결심했습니다. 하지만 장애인을 받아 주는 곳은 그 어디에도 없었습니다. 한국뿐 아니라 일본과 필리핀도 마찬가지였습니다. 포기하고 돌아서는데 마산교구 성소국에서 사목하시는 한 수녀님께서 장애인과 비장애인이 수도자로 함께 생활하는 모습을 보았다며 '작은예수회'를 찾아가 보라고 말씀해 주셨습니다. 희망이 생긴 거죠. 부모님께 수도원에 간다고 말씀드렸어요. 어머니는 찬성하셨는데 아버지는 극구 반대하셨어요. 술도 끊고 폭력도 쓰지 않을 테니 제발 가지 말아 달라고 애원하셨습니다. 그런 아버지에게 저는 모진 말을 하고 말았습니다.

"아버지! 니, 기요. 만약에 돌아온다면 그때는 시신이 돼 있을 테니 기다리지 마세요."

1992년 1월 5일이었습니다. 흐느껴 우시는 아버지를 뒤로하고 작은 짐 하나 짊어지고 수도원으로 갔습니다. 중증 장애인들이 함께 생활하고 있었으니, 들어서는 순간 코가 따갑도록 악취가 풍겼습니다. 화장실로 달려가 속을 게워 낼 정도로 역겨운 냄새였습니다. 반겨 주는 사람도 없었습니다. 찰나였지만 '잘못 왔다.'는 생각이 머릿속을 스쳐 지나갔습니다.

　그 순간 무릎으로 기어다니는 뇌성 마비 장애인의 모습이 눈에 들어왔습니다. 저분이 무릎이 아닌 두 발로 걷도록 도와드리고 싶었어요. '그때까지만 여기에 있어 보자.'라고 결심했습니다. 당시 작은예수회는 창설자 신부님과 평신도가 함께하는 공동체로, 정식 인가를 받은 수도회가 아니었어요. 창설자 신부님께서 장애인과 비장애인이 함께하는 공동체를 지향하셨기 때문이죠. 공동체에 입회한 평신도의 호칭은 봉헌자였습니다. 입회하고 얼마 지나지 않아 수도회는 가인가를 받았고 그해 12월 가톨릭 수도회로 구두 정식 인가를 받았습니다. 저는 1기생으로 수련을 시작했습니다. 수련기가 끝난 뒤에는 첫 서원, 유기 서원기를 시작하면서 장애인 시설(화곡 작은예수의집, 중증 지적 장애인 생활 시설)로 파견을 나가, 밥을 짓고 빨래를 하고 대소변을 치웠으며, 목욕도 시켜 드렸습니다. 비록 왼팔은 없지만 양팔이 있는 사람이 하는 일은 무엇이든 할 수 있었으니 어렵지 않았어요. 그동안 하느님께서 연습을 시켜 주신 덕분이었습니다.

　연피정을 하면서 사제 성소가 생기기 시작했어요. 정동 프란치스코 신학원에서 공부를 마칠 때쯤 그 마음은 확고해졌습니다. 그러나 장애가 있는 저에게 신학교 입학은 허락되지 않았습니다. 수도회의 3대 수련장님께서 직접 필리핀에 가서 확인해 주신 덕분에 유학을 떠날 수 있게 되었어요. 뒤이어 예상치 못한 문제가 생겼습니다.

현지 음식에 과민한 알레르기를 보인 거죠. 한국에서 보내 준 고추장과 된장만으로 200여 일을 살다 보니 더 이상 버틸 힘이 없었습니다. 필리핀 신학교 학장님의 배려로 신학은 필리핀에서, 철학은 한국에서 공부할 수 있게 되었습니다. 한국에 돌아와서 수도회 담당 주교님을 찾아뵙고 부천에 있는 가톨릭대학교 성심교정 종교학과에 입학하고 싶다고 말씀드렸어요. 주교님께서 "이왕 공부하는 거 서울 대신학교에 입학해 공부해라." 하시며 추천서를 써 주셨습니다. 그러면서 "요셉 수사! 요셉 수사가 신학교를 다니면 사람들이 '서품 받으시나요?'라고 물어볼 겁니다. 그때는 '하느님의 뜻이 있으시면 되겠죠.'라고 대답하세요." 하셨습니다. 주교님의 배려로 1998년 서른셋의 나이에 신학교에 입학했습니다.

하느님, 내 하느님 어찌 저를 버리셨나이까

태어나서 수도회 입회까지, 또 수도회 입회부터 2023년 사제 수품 때까지 신부님에게 쉬운 일은 단 하나도 없었다. 그러나 그 모든 순간에 하느님께서는 함께하셨다.

수도회에 입회하고 늘 입에 달고 살던 노래가 있습니다. "하느님, 내 하느님 어찌 저를 버리셨나이까. 암사슴이 시냇물을 그리워하듯

내 영혼 생명의 하느님을 그리워하나이다."

어느 날 제 마음에 조그마한 풍선이 들어옵니다. 그 풍선 속으로 아픔의 바람이 들어오고, 시련의 바람, 절망의 바람, 기다림의 바람, 포기하고픈 바람, 원망의 바람 등 온갖 고통의 바람이 들어와 풍선이 부풀어 오릅니다. 풍선이 제 목을 탁, 막아 죽을 만큼 힘들 때가 있습니다. 그때 제가 갈 곳은 오직 한곳 하느님 대전밖에 없습니다. 하느님 대전, 주님의 성체 앞에서 "하느님, 내 하느님 어찌 저를 버리셨나이까. 암사슴이 시냇물을 그리워하듯 내 영혼 생명의 하느님을 그리워하나이다."

열 번이고 백 번이고 천 번이고, 계속해서 노래를 부르다 보면 어느 순간 아버지께서 말씀하십니다. '요셉아, 너는 왜 보고도 나를 믿지 못하느냐. 너의 믿음 속에 내가 내 아들 예수를 버렸다고 생각하느냐? 정말 내가 내 아들 예수를 외면했다고 너는 믿는 것이냐? 내가 내 아들 예수를 세상에 왜 보냈는지 넌 정말 모르는 것이냐?'

대답하지 못하고 있으면 하느님께서 말씀하십니다. '너를 위해서다.'

뒤이어 '내가 내 아들 예수를 세상에서 수난하고 죽게 만든 이유를 너는 정말 모르느냐?'

대답하지 못하고 있으면 하느님께서 말씀하십니다. '너를 위해서다.'

세 번째로 '내가 내 아들 예수를 세상에서 죽음을 이기고 부활시킨 이유를 너는 정말 모르느냐?'

대답하지 못하고 있으면 하느님께서 말씀하십니다. '너를 위해서다.'

그 말씀과 동시에 제 마음속의 풍선은 '뻥' 하고 터집니다. 풍선 속에 있던 온갖 고통의 바람도 사라지며 마음에 평화가 찾아옵니다. 성전을 떠나려 하는 제게 하느님은 '요셉아! 너는 이제 어떻게 살 거니? 눈이 있어도 보지 못하는 삶을 살 거니, 귀가 있어도 듣지 못하는 삶을 살 거니? 입이 있어도 말하지 못하는 삶을 살 거니?' 물으십니다. 저는 돌아서서 하느님께 "하느님 저는 눈이 있어 하느님을 바라보는 삶을 살 것이고, 귀가 있어 하느님의 말씀을 듣는 삶을 살 것이고. 입이 있어 하느님을 찬양하는 삶을 살 것입니다."라고 신앙을 고백합니다. 그러면 하느님께서 즉시 '그래 내가 너와 함께한다.'라고 말씀하십니다.

시간이 흘러 또다시 힘들 때면 "아버지 제 영혼을 당신 손에 맡기나이다."라고 기도하지만 얼마 지나지 않아 또다시 깊은 슬픔이 밀려옵니다. 부제품을 받고 4년쯤 지났을 때, 피정에서 만난 예수님께서 '요셉아, 네가 내 손을 놓지 않는 한 나도 네 손을 놓지 않는다.'라고 말씀하시는 것 같았습니다. 그럼에도 계속해서 부제로만 머물러 있는 현실이 서글퍼, 포기하고 싶을 때도 있었습니다. "아버지, 제가 아버지의 손을 놓고 싶습니다. 제가 손을 놓더라도 아버지께서 잡아 주세요. 제 손 놓지 말아 주세요."

긴 시간 동안 끝없이 좌절하고 쓰러지기를 반복했던 제가 버틸 수 있었던 힘은 오직 하나, 기도밖에 없었습니다. 울고 있을 때면 어김없이 아버지께서 다가와 "내가 함께한다. 힘을 내라."고 말씀해 주셨으니까요.

고통이 없었다면, 아픔이 없었다면, 좌절이 없었다면 그토록 애절하게 아버지를 찾을 수 있었을까 생각해 봅니다. 아울러 '가장 미소한 자에게 해 준 것이 나에게 해 준 것이다.'(마태 25,40)라는 말씀 중 가장 미소한 자가 제 자신이라는 사실을 깨달았습니다. 나에게 해 준 것이 예수님께 해 드린 것이고, 예수님께 해 드린 것이 곧 나에게 해 준 것이었습니다. 세상 모든 사람을 사랑하고 싶다는 마음도 예수님을 향한 사랑으로 귀결되었습니다. 세상 모든 사람을 사랑하신 분, 그분을 제가 사랑할 때 세상을 사랑할 수 있으니까요. 그러니 제가 해야 할 일, 할 수 있는 일은 아버지를 더 사랑하는 것뿐입니다.

예수님은 세상 모든 사람을 사랑하셨지만 특히 미소한 자를 더 사랑하셨다. 그들과 함께 살아가고 있음에 늘 주님을 만날 수 있어 행복하다는 신부님은 누군가를 위해 기도할 때 온전히 그를 마음의 성전에 받아들인다. 그를 위해 기도하지만 아버지의 뜻이 이루어지길 기도한다. 주님께서 함께하실 때 참된 평화가 함께한다는 것을 죽을 고비를 넘기며, 사제를 향한 기나긴 기다림 속에서 가슴으로 깨달았기 때문이다.

봉하령 요셉 신부님은 1992년 작은예수수도회에 입회한 뒤 2008년 부제품을 받고, 2023년 7월 사제품을 받았습니다. 한국 천주교회에서 두 번째로 탄생한 장애인 신부님으로, 다양한 사제상을 보여 주는 동시에 한국 가톨릭의 새로운 내일을 제시했습니다.

고통 속에서도 기쁘게 살고 하느님을 찾을 수 있다면 이미 하느님과 함께한다는 뜻이라고 말씀하시는 신부님은 노숙인 시설 '우리집공동체'의 대표를 역임했습니다. 현재는 시각 장애인을 위한 성라파엘사랑결(준)본당에서 김용태 신부님을 도와 봉사하며 주님의 뜻이 이 세상에서 이루어질 수 있도록 온 마음과 온 힘과 온 정성을 다해 임하고 있습니다.

성도미니코선교수녀회
이미숙 아가다 수녀

'성도미니코선교수녀회'의 문을 열고
"여기가 성골롬반외방선교수녀회인가요?"라고 물어봤어요.

당신께서 제가 이 일을 하기 원하신다면

모태 신앙으로 태중에서부터 하느님을 만났고 자유와 즐거움을 찾는 여정에서 하느님을 더 깊이 사랑하게 된 이미숙 아가다 수녀님. 성령 묵상회에서 말씀과 예언, 치유의 은사를 받은 뒤 성령의 은사자로서 사람들이 살아 계신 하느님을 만날 수 있도록 돕고 있다.

하느님께서 첫 소임을 명동 서울대교구 사목국 소속으로 보내셨어요. 수도복을 입고 세상 밖으로 나오는 것부터 새로운 소임까지 긴장의 연속이었습니다. 풀리지 않은 내면의 과제도 있었고 첫 소임의 어려움도 있어서 광주 명상의 집에서 열린 '성직자·수도자 성령 묵상회'에 참가했어요. 기도를 드리고 성령 안수를 받았습니다. 뒤이어 제게서 여러 가지 일들이 일어났어요. 심령 기도가 나오고 옆에 계신 분의 상처받은 마음이 생생하게 느껴졌으며 그분을 향한 하느님의 말씀이 머릿속을 계속 맴돌았어요. 동시에 두 손은 너무 뜨거웠습니다. 마치 불덩이를 손에 쥐고 있는 것 같았어요. 두 손을 차가운 벽에 대거나 찬물에 담그지 않으면 견딜 수가 없었어요. 체험을 발표하는 자리에서 일련의 일들을 전하자 대표 신부님이 "치유의 은사, 예언의 은사, 말씀의 은사를 받았다."라고 했습니다. 당시의 심정은 기쁨보다는 두려움이 더 컸어요. 은사를 피해 달아나고 싶다는 생각마저 들었으니까요.

하지만 힘들어하는 사람들의 등이 보이기 시작했습니다. 그의 상처가 고스란히 제게 전해진 것이죠. 함께 기도하고 대화를 나누면서 제가 느꼈던 슬픔의 크기만큼 그가 아파하고 있다는 것을 알게 되었어요. 그럼에도 제가 은사를 받았는지 확신이 서지 않았습니다.

그 무렵 친한 수사님, 수녀님 그리고 어머니들과 함께 휴가를 맞춰서 피정을 갔어요. 다 함께 기도하고 안수를 하는 자리에서 치유의 은사가 일어났습니다. 제 어머니와 친구 수녀님 어머니의 병이 치유된 거예요.

또 제가 어머니에게 "수도자인 딸을 위해 미사를 봉헌해 주어라. 그 아이가 유혹이 많다."는 뜻밖의 예언을 했습니다. 알고 보니 어머니께서 저를 위해 매달 봉헌하던 생미사를 종신 서원 이후 여동생의 가정 미사로 바꿔 봉헌하셨다고 해요.

정말이지 깜짝 놀랄 일이었습니다. 하느님께서 굉장히 구체적으로 우리 삶에 개입하고 계시다는 것을 체험했으니까요.

'내가 정말 은사자구나.'

하느님이 주신 치유, 말씀, 예언의 은사는 공동 유익을 위해 사용해야 하는데, 두려움 때문에 이를 거부하고 있었다는 사실을 깨달았습니다. 들릴 듯 말 듯 아기가 옹알이를 하는 것처럼 "이제 도망가지 않을게요. 하느님이 하라고 하시면 할게요."라고 대답했습니다.

그리고 정확히 두 달 뒤에 한 수도회에서 "후원회원 안수를 해 달라."는 연락이 왔어요.

기도의 응답이라는 확신이 들었습니다. 공동체에도 "주님의 응답인 것 같다."며 후원회원을 위한 기도와 안수를 할 수 있도록 허락해 줄 것을 요청했습니다.

이윽고 해당 일이 되어, 난생처음으로 평신도에게 안수 기도를 해 주었습니다.

'주님, 당신께서 제가 이 일을 하기 원하신다면, 저를 쓰실 계획이시라면 머리에 손을 얹는 즉시 말씀을 담아 주십시오.' 떨림 속에서 주님께 기도드렸습니다.

동행한 원장 수녀님도 저를 위해 묵주 기도를 해 주셨습니다.

어떤 결과가 펼쳐졌을까요?

50여 명의 회원이 안수를 받으면서 하느님의 현존을 체험했습니다. 부드럽지만 단호하게, 섬세하지만 부끄럽지 않도록 주님께서 사랑하는 자녀들에게 하시고 싶은 말씀을 저를 통해 들려주신 것입니다.

주님께서 달아 주신 두 개의 날개, 은사와 웃음

영국의 문호 C.S. 루이스는 『스크루테이프의 편지』를 통해 '혹시라도 환자(인간)의 유머 감각과 균형 감각이 깨어날 시에는 너를 간단히 비웃고 잠자리에 들 수도 있다.'며 악마가 사람을 유혹하는 방법을 묘사했다. C.S. 루이스에게 유머란 악을 물리치는 힘이었던 것이다.

토머스 모어 성인도 "제가 너무 많이 고민하지 않게 하시고 삶 속의 행복을 느끼며 나눌 수 있는 유머 감각을 내려 주소서."라고 기도했다. 유머는 긴장을 해소하고 불안을 없애 주며 기쁨과 희망을 싹틔우기 때문이다.

아가다 수녀님의 어린 시절 꿈은 개그우먼이었다. 하느님 안에서 즐겁게 사는 것을 넘어 즐거움을 주는 삶을 바랐던 것이다. 유머 감각이 남달랐다는 뜻이니 수녀님과 함께하면 상처는 치유되고 눈물은 기쁨이 된다. 진정 말씀 안에 머물 수 있게 되는 것이다.

2006년 고려대학교 안암병원 원목실에서 소임을 맡고 있을 때 2박 3일간 웃음 치료사 과정 연수를 다녀왔어요. 그리고 얼마 지나지 않아 웃음 강의를 해 달라는 뜻밖의 제안을 받았어요. 은사자로서 성령 강의를 시작한 지 1년쯤 뒤의 일이었습니다. 한때 개그우먼을 꿈꿨지만 막상 강의 섭외가 오니 웃음 강의를 잘할 수 있을까? 걱정이 되었어요.

제 역동 안에 성령께서 함께 일하심을 믿으며 4,800여 명의 구역장과 반장이 모인 인천 도원 실내 체육관에서 마이크를 잡았습니다. 그리고 또 한 번 놀라운 일이 벌어졌습니다. 말씀과 웃음 안에서 4,800여 명의 마음이 온전히 하나가 되었거든요.

다음 날 가톨릭신문에서 관련 기사를 대서특필했습니다. 성령 사도직과 웃음 사도직이 동시에 되는 수녀님은 많지 않을 테니까요.

웃음 강사로서의 삶은 주님께서 제 어깨에 달아 주신 또 하나의 날개였습니다. 은사와 웃음이라는 날개를 달고 대한민국을 넘어 전 세계로 날아다녔어요. 세계 곳곳에서 열리는 성령대회의 진행을 맡아 현존하시는 하느님을 만날 수 있도록 안내한 거죠.

평화방송뿐 아니라 KBS 방송까지 출연했습니다. 교회 안에서만 이루어지던 강의도 대학, 상공 회의소, 경제 단체 등 다양한 곳으로 확장되었습니다. 교회 밖이지만 수녀가 강의를 하는 것만으로도 청중은 하느님을 연상합니다. 웃음으로 상처가 치유되는 과정에서도 하느님의 뜻이 세상에 전해질 수 있습니다.

하느님께서 저를 저보다 더 잘 아시고 소망을 들어주신 것입니다. 하느님을 찬미하며 살고 싶은 원의, 개그우먼이 되어 웃음을 전하고 싶은 원의, 자유롭고 즐겁게 살고 싶은 원의를 이루어주시기 위해 성도미니코선교수녀회 수녀로 부르시고, 성령 사도직과 웃음 사도직으로 이끄셨으니까요.

아가다 수녀님은 강의와 피정을 통해 친교를 위한 토대를 쌓는다. 말씀과 예언, 치유와 웃음의 은사가 어우러져 나이와 국경, 신자와 비신자의 경계가 허물어졌기 때문이다. 그 안에서 수녀님 또한 상처가 치유되고, 내면의 과제가 해결되었다고 한다. 어렵고 힘겨운 시간이 허락되었던 이유를 깨닫게 된 것이다.

주님께서는 구체적으로 우리 삶에 개입하고 계십니다

성령이 이끄시는 피정을 통해 많은 이들이 강렬하게 살아 계신 하느님을 느낍니다. 그래서 하느님을 만나기 전과 후의 삶이 완전히 달라지는 것을 경험하게 됩니다. 삶의 모든 시간과 방향이 하느님을 향하게 되는 거죠. 참가자들은 5박 6일의 피정을 '6일 동안의 지상에서의 천국 체험'이라고 말합니다. 그때의 기억으로 살아갈 힘을 얻는다고 말하기도 합니다.

저 역시 더욱더 겸손해집니다. 매 순간 하느님께서 도와주시고 살려 주신다는 것을 알기 때문이죠. 저 혼자만의 힘으로는 절대로 할 수 없는 일들이었고 또한 혼자만의 힘으로는 지금의 수도 생활을 영위할 수도 없습니다. 방방곡곡을 다니며 웃음 강의를 하는 한편 피정을 지도하고 방황하는 청소년들을 돌보는 사목을 했습니다. '예꼬모'와 '예미사'라는 명칭의 피정을 만들어 진행했습니다.

'예꼬모'는 줄임말로, 풀어 말하면 '예수님 꼬붕들의 모임'입니다.

꼬붕에서 유추할 수 있듯이 청소년을 대상으로 합니다. '예미사'는 '예수님께 미친 사람들'의 모임이며 연령 제한이 없습니다. 10년 넘게 이어져 오며 "살아만 있어라. 내가 너를 반드시 살린다.", "네가 지은 죄 때문에 마음이 아픈 것이 아니라 지은 죄의 무게에 짓눌려 고통받고 있는 너를 보는 것이 더 아프다." 등등 수없이 많은 하느님의 말씀이 저를 통해 전해졌습니다. 눈에 보이지 않는 하느님께서 한 수녀의 입을 통해 구체적으로 우리 삶에 개입하시는 거죠. 그 방법은 언제나 부드럽고 섬세하십니다. 주님께서는 당신의 자녀가 부끄러움을 겪는 걸 원치 않으시거든요. 언제나 그 사람만이 알고 이해할 수 있는 언어로 예언을 하십니다. 정말 자비하시죠.

미국 전역에서 열리는 한인 성령대회를 진행하고, 국내에 머물 때는 한 달에 무려 20회 이상의 강의를 했다. TV 출연, 라디오 진행, 에세이 출간 등 쉼표가 없는 바쁜 날들이 이어지면서 건강에 무리가 왔지만 그럼에도 수녀님은 유머를 잃지 않고 여전히 감사하며 기쁘게 살아간다.

자유와 기쁨이 있는 곳, 성도미니코선교수녀회

'관상하라, 그리고 관상한 것을 전하라.' 성도미니코선교수녀회의 영성이다. 아가다 수녀님의 입회는 실수와 우연에서 시작되었다. 세상의 관점에서 인생을 단

편적으로 보면 실수지만 하느님을 향해 나아가는 긴 여정으로 바꿔서 바라본다면 모든 것이 주님의 뜻이었다.

    친할아버지가 박해를 피해 신앙생활을 하셨어요. 친할아버지의 신앙을 물려받은 아버지 덕분에 모태에서부터 하느님을 알았습니다. 유아 세례를 받고 초등학교 3학년 때부터 포콜라레 활동(Focolare Movement)을 했어요. 본당 수녀님께서 초등학생인 제게 "수녀가 되면 좋겠다."라고 하셨어요. 그 말씀이 얼마나 좋던지, 수녀님이 되고 싶다는 꿈을 품게 되었습니다.

    주님을 찬미하고 서로 사랑하면서 기쁘게 살아가는 모습이 행복해 보였습니다. 6학년이 되었을 땐 포콜라레 운동 본부를 찾아가 "코미디언으로서의 꿈을 이룬 뒤 포콜라레로 살고 싶다."는 야심 찬 포부를 전하기도 했습니다. 그러나 한 해, 한 해 시간이 지날수록 포콜라레보다 수녀님이 되고 싶다는 바람이 커져 갔어요. 첫 직장을 수녀님들과 함께 일하는 곳에서 시작했어요. 침묵과 고요 속에서 절제된 삶을 지향하는 수녀회였는데 저는 자유와 즐거움이 좋은 사람이라 엄숙한 분위기가 힘들었어요. 직장을 그만두고 서울로 와서 다시금 개그우먼을 꿈꾸며 방황 아닌 방황을 했습니다. 잠시 성당을 멀리했고 꿈을 찾아 돌아다녔습니다. 하지만 마음은 늘 공허했고 어디서도 만족할 수 없었습니다.

그러다가 다시 성당에 나가기 시작하면서 청년 레지오도 시작했습니다. 어느 날부터는 시도 때도 없이 눈물이 흘렀어요. 미사를 드리면서도 울고, 영적 독서 중에도 울고 레지오를 하면서도 울었습니다. 대체 왜 이렇게 눈물이 흐르는 걸까. 스스로 질문을 되뇌며 얻은 답은 '예수님이 너무 그립다.'였습니다. 후회하지 않기 위해 수녀회에서 하는 성소 모임에 한 번 가 보자고 결심했어요.

이후 성소 모임을 찾기 위해 주보와 '오늘의 수도자'라는 책을 봤어요. 제법 규모가 큰 수녀회를 중심으로 동그라미를 쳤습니다. 그 가운데 '성골롬반외방선교수녀회'에 전화를 걸어 자세한 위치를 물어봤어요. 강북구 미아동이라고 친절하게 가르쳐 주셨어요. 지하철을 타고 찾아와 보니 지금 살고 있는 '성도미니코선교수녀회' 간판이 보이더라구요. 늦은 나이에 성소 모임에 나가는 것이 부끄러워 한껏 멋까지 부렸는데 이게 어떻게 된 걸까? '성도미니코선교수녀회'의 문을 열고 "여기가 성골롬반외방선교수녀회인가요?"라고 물어봤어요. 당연히 아니라고 대답하셨죠. "그럼 성골롬반외방선교수녀회랑 무슨 연관이 있나요?"라고 재차 물었습니다. 또 아니라고 대답하셨습니다.

알고 보니 '성골롬반외방선교수녀회'에 동그라미를 치고, 전화번호를 잘못 본 거예요 바로 그 밑에 있는 '성도미니코선교수녀회'로 전화를 걸어, 위치를 물어본 거였어요.

잘못 찾아왔지만 자유로움과 기쁨이 충만한 수녀회 분위기가 단번에 제 마음을 사로잡았습니다. 수녀님들의 환한 미소, 개구쟁이 같은 몸짓, 눈부신 햇살, 새하얀 수도복까지 모든 것이 다 좋았어요. '그토록 원했던 자유롭고 기쁜 곳이구나.'라는 확신이 들었습니다.

첫 모임 이후 더 이상 주보에 적힌 수녀회에 동그라미를 치는 일은 없었습니다. 지은 죄가 많아 성소를 고민할 때는 주님께서 자상한 수녀님을 보내어 위로해 주셨습니다. "수녀 한 사람도 구원하지 못하신다면 그분이 구세주이시겠습니까?"

입회를 앞두고도 고민이 깊었습니다. 아버지가 돌아가신 뒤 혼자 계실 어머니가 걱정스러웠거든요. 그때도 주님께서는 수녀님을 보내어 제게 용기를 주셨습니다. "하느님께서 아가다보다 어머니를 더 사랑하시고 더 잘 지켜 주실 테니, 그분을 믿어요."

입회 그리고 종신 서원을 거쳐 은사를 받게 되었고 각종 무대에 올라 청중을 웃고 울게 하면서 수녀로서의 삶을 통해 개그우먼과 포콜라레이 꿈까지 이루었다는 것을 알게 되었습니다.

이처럼 하느님께서는 우리 삶에 구체적으로 개입하는 분이십니다. 은사자를 통해, 말씀을 통해, 이웃을 통해 우리에게 다가오시고 당신을 열어 보여 주십니다. 때론 실수와 잘못을 통해서도 우리에게 다가오십니다. 이러한 사실을 믿는다면 일상에서 살아 계신 하느님을 만날 수 있습니다.

곰돌이 푸우를 닮아, '푸우 수녀님'으로 더 친숙한 아가다 수녀님이 있는 곳에는 웃음이 끊이지 않는다. 엷은 미소일 때도 있고 때로는 목젖이 보일 정도로 시원한 웃음일 때도 있다. 그 안에서 누군가는 상처를 치유받고 또 다른 누군가는 그릇된 삶의 방향을 돌려 하느님을 향하게 된다. 하느님을 향해 한 걸음 더 가까이 다가갈 수 있게 되는 것이다.

은사자로서 하느님의 현존을 생생하게 느끼는 만큼 수녀님의 가장 좋은 친구는 단연 예수님이시다. 십자가 위에 계신 예수님을 마주하며 하루 동안의 일들을 속삭이듯 이야기한다. 두려움과 불안, 기쁨과 슬픔뿐만 아니라 좀처럼 바뀌지 않는 악습과 부끄럽고 민망한 속내까지 솔직하게 말씀드린다. 나를 나보다 더 잘 아는 분이시기에 미화시킬 필요가 없다. 가림막 없이 온 존재를 그분께 열고 도움을 청하는 것, 그것이 바로 우리가 살아 계신 하느님을 만나는 방법이기 때문이다.

이미숙 아가다 수녀님은 1991년 성도미니코선교수녀회 성소 모임에 참여한 뒤 1995년 입회, 1999년 첫 서원을 했습니다. 2001년 광주 명상의 집에서 열린 '성직자·수도자 성령 묵상회'에서 말씀의 은사, 예언의 은사, 치유의 은사를 받았습니다. 2005년부터 은사자로서 강의를 시작하는 한편 피정을 통해 사람들이 살아 계신 하느님을 만날 수 있도록 돕고 있습니다. 하느님께서 주신 또 하나의 은사, 유머 감각을 발휘하여 웃음 치료사로도 활동합니다. 현재는 서울 본원의 원장으로 수도회 살림과 선교에 앞장서고 있습니다.

살레시오회
최진원 마르코 수사

'엄마' 같은 존재가 되어 주고 싶었는데
어느덧 '언니'라는 별명까지 얻게 되었어요.

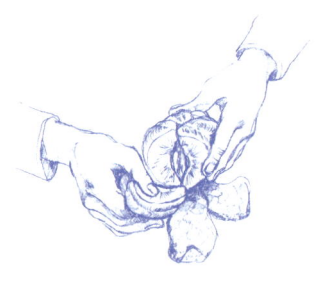

기쁘게 살아가는 하느님의 종 마르코

'기쁘게 살아가는 하느님의 종이자 함께 가는 마르코'를 삶의 모토로 가슴에 새긴 결과 최진원 수사님의 하루는 기쁨과 감사로 채워진다. 집 떠난 형제들에게 따뜻한 어머니가 되어 주고 싶다던 바람은 어느덧 '언니'라는 별명까지 안겨 주었다.

첫 서원 때부터 지금까지 제 기도 지향은 '기쁘게 살아가는 하느님의 종 마르코'입니다. 이후 형제들과 아이들 그리고 후원자와 은인들도 기쁘게 살아가길 원하며 '함께 가는 마르코'로 닉네임을 정했습니다. 그 길목에서 엠마오로 가는 제자 중 한 명이 될 수 있을 테니까요.

성경을 보면 당시 제자들은 믿었던 스승님께서 돌아가시자 크게 낙담했습니다. 이때 한 제자라도 주님께서 다가오심을 느낄 수 있다면, 주님이 들어오시도록 자리를 마련해 드릴 수 있습니다. 떠나시려는 주님께 함께 머물러 주시길 청할 수도 있습니다. 식탁에 앉아 식사를 할 수 있게 된다면 비로소 눈이 열리고 곁에 계신 주님을 알아볼 수 있을 것입니다. 그로 인해 마음이 뜨겁게 타오른다면 하느님의 종으로 기쁘게 살아갈 수 있는 힘을 얻게 됩니다. 그런 의미에서 함께 가는 마르코가 곧 엠마오로 가는 제자가 되는 것이라고 생각했습니다.

이를 위해 힘들어하는 형제, 소외된 형제가 있다면 찾아갑니다. 또 연세가 들어 부쩍 쓸쓸함을 느끼는 신부님이 계시면 찾아뵙고 고해성사를 청합니다. 나눔을 할 때는 말하기보다는 형제의 어려움을 듣습니다. 상처를 드러내는 것을 어려워하는 형제가 있다면, 찾아가서 비슷한 고민을 먼저 꺼냅니다. 공감대가 형성될 때 '너도 그랬니? 나도 그랬어.'라고 할 수 있으니까요. 곁에 계신 주님을 느낄 수 있을 때 평화가 찾아오고, 이는 다시 주님 곁으로 다가갈 수 있는 힘이 됩니다.

그러다 보니 이제는 많은 형제들이 저를 찾아와 줍니다. 평수사지만 사제들의 영적 동반자가 되어 주기도 합니다. 형제들이 힘들고 어려울 때 떠올릴 수 있는 형제가 되어 가고 있음에 감사드립니다. 집을 떠나 수도회에 온 형제들에게 '엄마' 같은 존재가 되어 주고 싶었는데 어느덧 '언니'라는 별명까지 얻게 되었어요. '할머니 사랑'이라고 말하는 형제들도 있어요. 감기에 걸린 형제가 있다면 싫다고 손사래를 쳐도 굴하지 않고 오렌지를 까서 입에 넣어 주거든요. 한번은 요구르트를 끓여 주었는데 그 맛은 정말이지 절로 고개가 저어졌습니다. 민

간요법으로 무장한 할머니 사랑은 좀처럼 식을 줄 모릅니다.

　은인들이 보내 준 선물을 나눌 때도 형제들의 주머니에 살짝 넣어 주며 '사랑한다.'는 메시지를 전합니다. 소소하지만 즐겁고 기쁜 추억을 만들어 주고 싶거든요. 교황님 말씀처럼 수도자로서 축성 생활을 하려면 주님 곁에 머물러야 하고, 형제들 간에 서로 사랑해야 하니까요.

　저 역시 형제들 덕분에 평화롭고 기쁜 하루하루를 살아가고 있어요. 고마운 마음이 점점 커졌을 때 비로소 '함께 가는 마르코'로 살고 싶다는 기도를 하게 되었습니다.

　부족한 제가 수도회에서 재무를 담당할 수 있는 것도 형제들 덕분이에요. 틀린 것은 바로잡아 주고 모르는 것은 가르쳐 주면서 제 부족함을 채우고 있습니다. 가족 정신을 강조하는 수도회답게 형제들 모두 진심으로 서로를 사랑하고 신뢰하고 있어요.

　형제들이 서로 사랑하고 신뢰할 때 수도회에서 발생하는 문제를 알아차리고, 해결책도 찾을 수 있습니다. 때론 성격적으로 맞지 않는 형제가 있을 수도 있습니다. 그럼에도 우리는 형제를 골라 사귀는 것을 지양합니다. 모두가 가족이니까요. 우리에게는 우리만의 조금 색다른 문화도 있습니다. 세례명을 부르기보다 서로의 이름이나 별명을 부르는 거예요. 앞서 말했듯 제 별명은 '언니'입니다. 재미있는 별명이 많아서 서로를 부르는 것만으로도 분위기가 화기애애해집니다.

어지간한 장난과 무시는 감당할 만큼의 아량도 생깁니다. 회복 탄력성이 강해진 결과 미움, 시기, 질투 등 나쁜 감정을 오랫동안 가슴에 담아 두지 않는 편이에요.

수도원이 진짜 집이 되었으니, 첫 휴가를 나간 형제들이 부모님께 "집에 가야 한다."고 얘기해 서운함을 불러일으킨다고 합니다.

자녀를 온전히 봉헌해 주신 부모님의 은혜에 감사드리며 함께 피정을 하고 소풍도 갑니다. 종신 서원 전에는 부모님을 공동체에 초대합니다. 살레시오 수도회의 첫 번째 은인은 부모님이시거든요. 형제들의 축일에는 서로 편지를 쓰고, 공동체에서는 롤링 페이퍼를 통해 진심을 나누고 있어요. 서로가 서로에게 스미고 섞일 때 서로 길을 잃지 않고, 하느님의 종으로 기쁘게 살아갈 수 있기 때문입니다.

수도회 카리스마를 온전히 살아가는 수사

수사는 사도직 현장에서 수도회의 카리스마를 온전히 살아갈 수 있다. 그러나 사제 중심의 교회 분위기, 신자들과 만날 기회가 거의 없다는 점 등으로 인해 수사 성소가 점점 감소하고 있다. 보이지 않는 곳에서 교회를 지탱해 주는 수사의 역할이 조금 더 확장될 때, 기쁘게 살아가는 모습이 더 많이 보여질 때 꺼져 가던 수사 성소의 불씨가 타오르게 될 것이다. 이에 수사님은 오늘도 기쁘게 그리고 바쁘게 살아가신다.

"예비 신자 교리를 받으면서 성사라는 단어가 얼마나 좋은지 알게 되었습니다. 빛으로 계시는, 그래서 보이지 않는 하느님을 만날 수 있게 해 주니까요. 고해성사의 참된 의미도 알게 되었습니다. 내 마음이 왜 하느님에게서 멀어졌는지 찾아보고 앞으로는 그렇게 하지 않겠다고 주님께 말씀드리는 것이니까 화해성사인 거죠. 성사를 이해하게 되면서 하느님의 사랑을 더욱 가까이 느낄 수 있게 되었습니다. 하느님을 위해 살고, 늘 그분의 사랑을 이야기하고 싶어서 수도회에 입회했습니다. 처음에는 미사를 집전하고 성사를 집전할 수 있는 사제를 꿈꿨습니다. 문제는 사제의 삶이 외적으로 드러난다는 것이었어요. 강론을 하기 위해서도 신자들 앞에 서야 하니까요. 교회의 부름으로 인해 수도회의 카리스마를 온전히 살아가는 데도 제약이 따르지 않을까 생각했습니다. 그 끝에서 저는 수사로서의 삶을 선택했습니다. 드러나기보다는 협력하는 삶이 제게 더 적합했거든요. 수사로 살면서 알게 되었습니다. 제복을 입지 않는다는 것은 표면적으로 자유로울 수 있지만 유혹에 쉽게 노출될 수도 있다는 것을요. 그로 인해 엠마오로 가고 있다면, 다가오신 주님을 위해 자리를 내어 드릴 수 있는 제자가 꼭 필요한 거죠. 또 수도자로서의 삶에 높고 낮음은 없다는 사실도 알게 되었습니다. 그럼에도 수사는 사제와 달리 드러나지 않은 삶을 살다 보니 주목받지 못한다고 느낄 때가 있어요. 자신도 모르는 사이에 열등감이 생길 수 있는 거죠. 하지만 나의 기쁨과 슬픔에 진심으로 기뻐하고 아파해 줄 사람이 있다면 충분히 주목받는 삶 아닐까요? 제아무리 유명해도 나의 기쁨과 슬픔에 공감해 주는 이가 없다면, 오히려 주목받지 못하는 것일 수도 있어요.

그렇게 생각하면 세상이 정해 놓은 서열도 그리 중요하지 않습니다. 유명세가 없어도 명예와 권력의 끝자락에 있어도 열등감을 가질 필요가 없다는 뜻입니다. 후배 수사들이 열등감 없이 기쁘게 살아갈 수 있도록, 수사 성소가 증가할 수 있도록 제 자신이 증거자가 되고 싶다는 바람이 생겼습니다. 모든 것에 감사하며 기쁘게 살아가는 수사가 있다는 것을 보여 주고 싶었거든요. 덕분에 지난날 힘든 유학 생활을 견딜 수 있었습니다. 제가 얼마나 부족한지 함께 생활하는 형제들이 모를 리 없습니다. 부족한 마르코가 해냈다면, 하지 못할 형제가 어디 있겠어요. 저를 보면서 용기를 낼 수 있는 거죠.

내성적인 성격으로 대중 앞에 서는 것을 어려워했던 제가 이제는 선교 국장으로 사목하고 있어요. 혼자는 할 수 없지만 주님께서 힘께해 주시고 형제들이 도와줘서 기쁘게 일하고 있습니다. 후원자들도 많이 만나고 있어요. 그럴 때마다 찾아와 주신 분들을 위해 축복 기도를 드립니다. 행복한 수사, 함께 가는 마르코로 기쁘게 살 수 있도록 허락해 주신 하느님께 감사드립니다. 수사로서의 삶을 선택했다고 생각했는데, 이제 와 보니 주님께 선택을 받은 것이었습니다.

하느님의 뜻과 이끄심에 따라

하느님의 사랑 안에서 다정한 형제들과 함께 기쁘게 살아가는 수사님의 모습을 보며 고등학교를 졸업한 조카가 살레시오회에 입회했다.

어려서 신길동에 살았습니다. 인근에 살레시오 수녀회가 있어서 자주 갔어요. 주일 학교에서 성인들의 이야기와 수호천사에 대한 영상을 보며 깊이 감동했습니다. 막연했지만 수호천사처럼 누군가의 뒤에서 도움을 주는 사람이 되고 싶다는 꿈을 갖게 되었어요. 세례를 받지 않았지만 종교를 적을 때면 늘 '천주교'라고 썼습니다. 그러다가 스물세 살에 교리 공부를 시작했어요. 어른들의 사랑을 많이 받았고 또래 청년들과도 즐겁게 놀았습니다. 너무 즐겁게 놀았던 것일까요? 보좌 신부님께서 교리가 끝났는데도 세례를 주지 않으셨어요. 다행히 서운하다는 생각이 들지 않아서 다시 예비 신자 교리를 시작했습니다. 그해 9월 개신교 신자 한 사람이 교리반에 들어왔어요. 저는 2년 가까이 교리를 받고 있는데 그 형은 두 달 뒤에 세례를 받는다는 거예요. 이유를 물어봤더니 세례를 받은 뒤 수도회에 입회할 계획이라고 설명해 주었어요. 그리고 얼마 뒤, 형이 제가 자취하는 집으로 찾아왔습니다. 그러고는 잠시 눈을 붙이겠다며 20분 정도 자더니, 사우나를 가자고 하더군요. 당시 저는 7시 미사를 드리러 갈 예정이라서 안 된다고 했어요. 그랬더니 발만 담그고 나오자며 부득부득 저를 데리고 사우나로 갔습니다. 진짜로 발만 담그고 나와서는 밥을 먹자고 하더군요. 도대체 왜 이럴까 이해가 안 갔지만, 원하는 대로 다 했습니다.

"형, 대체 왜 그래?"

"같이 자고 사우나 하고 밥도 먹었으니까, 우리 이제 친해졌다."

"형, 대관절 무슨 말이야. 이렇게 친해지는 게 어디 있어?"

"친해졌으니까 하는 얘긴데, 나랑 같이 수도회 들어가자."

지금 생각해도 참 신비스러운 일입니다.

형을 통해 수도자의 삶에 대해 처음으로 생각하게 되었습니다.

얼마 뒤 세례를 앞두고 새로운 보좌 신부님이 오셨어요. 덕분에 수월하게 세례를 받았습니다. 2년 만에 받은 세례였으니 무척 기뻤어요. 감사한 마음에 보좌 신부님의 숙소를 자주 청소해 드렸습니다. 그러다 문득 남자인 제가 식복사가 된다면 여러모로 좋을 것 같다는 생각이 들었어요. 그 마음은 어느덧 '사제가 되고 싶다.'로 변해 갔습니다. 하느님께 받은 은혜가 너무 컸으니까요. 숱한 죄를 지었음에도 용서해 주시는 하느님의 자비도 감사했어요. 누군가의 죄를 사해 줄 수 있다는 것 또한 크나큰 은총으로 다가왔습니다.

한편 입회를 앞둔 형과 함께 수도회를 방문했습니다. 살레시오회였어요. 세 번째 방문에서 형의 면담이 꽤 길어졌습니다. 긴 기다림에 지루함을 느낀 저는 뚜벅뚜벅 성당으로 들어갔습니다. 마침 성체 강복 중이었어요. 어두운 성당을 밝히는 작은 빛이 따뜻하고 평화롭게 느껴졌습니다. '여기서 살고 싶다.'는 생각이 강하게 밀려왔어요. 얼마 뒤 형은 수도회에 입회했습니다. 저는 회사를 그만두었습니다. 형이 입회하고 한 달이 지난 후 저도 수도회에 입회했습니다.

사랑과 유머 그리고 귓속말

살레시안으로 살아가려면 반드시 필요한 센스가 있다. 바로 유머와 위트다. 청소년들의 얼어붙은 마음을 녹여 주는 것은 부드러움과 따뜻함 그리고 웃음이기 때문이다. 타고나길 유머가 없다면? 걱정할 필요가 없다. 수사님이 살레시안으로 살아오며 깨달은 바에 의하면 유머는 타고나지만 동시에 후천적으로도 길러진다고 한다. 어지간한 일은 가슴에 담아 두지 않을 여유와 사랑만 있다면 말이다.

직장 생활을 하고, 성당에 다니면서 참 많은 사랑을 받았습니다. 받은 사랑에 비해 제 자신이 턱없이 부족했으니 조금 더 밝은 사람, 따뜻한 사람, 활발한 사람이 되려고 노력했어요. 그러면서 뛰어난 재능이나 장점 없이도 충분히 사랑받을 수 있다는 사실을 알게 되었습니다. 사랑을 찾고, 사랑을 베풀 수 있다면 지난날의 결핍 또한 선물이 될 수 있습니다. 어린 시절의 상처를 통해 상처 입은 아이들의 마음을 이해할 수 있게 되는 거죠.

　살레시오회에서 생활하는 아이들은 사회에서 크고 작은 잘못들을 저질렀습니다. 제법 거칠고 반항기도 다분하지만 그럼에도 사랑스럽습니다. 진심으로 대하고 따뜻함 속에 유머를 녹여 낼 수 있다면 어느 사이엔가 마음의 문을 열고 다가옵니다. 저랑 안 맞는 아이가 다른 형제와는 친구처럼, 조카와 삼촌처럼 지내기도 합니다. 반대인 경우도 있어요. 두 상황 모두 공통적으로 필요한 것은 하나, 유머입니다. 그래서 살레시안들이 반드시 봐야 하는 프로그램은 '개그콘서트'라 해도 과언이 아닙니다. 시시한 말장난이 삶의 활력소가 되어 줄 때가 있거든요. 단, 몸 개그는 될 수 있으면 삼갑니다. 안쓰럽게 느껴지면 이미 유머가 아니니까요.

　덧붙여 돈보스코 성인은 귓속말이 아이들에게 큰 힘이 된다고 말씀하셨어요. 귓속말은 '너와 나는 친밀한 사이'라는 신호거든요. 그래서 무시당하는 아이, 소외받는 아이에게는 더 자주 귓속말을 해 줍니다. 초콜릿이나 사탕을 줄 때는 남모르게 살짝 손에 쥐어 줍니다. 뒤이어 귓속말로 "너만 줄게."라고 얘기합니다. "너는 특별해."라고 속삭여 주는 거죠.

　정리 정돈을 못하는 아이가 있다면 혼자만 볼 수 있도록 "너답지 않아서 깜짝 놀랐어."라고 적은 메모를 남깁니다. 그래야 서로 비교해서 열등감과 우월감을 갖지 않거든요. 동시에 사회로 돌아가서 다시는 잘못을 저지르지 않도록 잘못에 대해 적절히 인지시켜 줍니다.

수사님은 선교국장으로서 "기부는 액수가 중요하지 않으며 기부금의 흐름을 모른다 해도 괜찮다."라고 설명하셨다. 작은 나눔이 어딘가에서 어둠을 밝히고 세상을 따뜻하게 만드는 마중물이 되는 것은 틀림없는 사실이기 때문이다. 나눔을 통해 누군가에게 밝은 미래를 열어 준다면 그들의 새로운 내일은 아름다운 세상의 토대가 된다. 기부금은 사라지는 것이 아니라 빛이 되어 세상 어딘가로 뻗어 나간다는 뜻이다.

재능 기부 또한 멋진 일이다. 하느님이 주신 탈렌트로 사랑을 실천하다 보면 세상이 따뜻해지는 것은 물론 자신의 신앙도 자라기 때문이다. 재능 기부자들의 지혜가 더해질 때 수도회 역시 더 큰 지혜의 샘이 된다. 그러므로 따뜻하고 지혜로운 은인들이 찾아와 주시길, 수사님은 두 팔 벌려 기다리고 계신다.

최진원 마르코 수사님은 1995년 살레시오회 입회 후 2005년 종신 서원을 했습니다. 로마 살레시오 대학에서 살레시오 영성학을 전공했습니다. 귀국 후 살레시오회 선교국장이자 재무를 담당하며 바쁜 날들을 보내고 있습니다. 한편 가정에 적응하지 못하는 위기 청소년들을 위해 한림대 사회복지대학원에서 가족치료학 석사를 마쳤습니다.

수도회 카리스마를 온전히 살아감으로써 기쁘게 살고 계신 수사님은 꺼져 가는 수사 성소의 불씨가 되살아날 수 있도록 오늘도 스스로 증거자의 삶을 사십니다.

대전교구
김재덕 베드로 신부

다리라도 한 번 흔들어 주시면
당신께서 살아 계시다는 것을 굳게 믿고 사제가 되겠습니다.
자, 5분 시작합니다.

예수님의 부르심

구독자 4만 명을 보유한 유튜브 '내 안에 머물러라'를 통해 세상과 소통하고 있는 김재덕 베드로 신부님. 성경 특강, 참된 성모 신심 등 그리스도인들이 알아야 하는 다양한 교리를 쉽고 재미있게 가르쳐 주고 있다.

"의도는 아주 불순했습니다. 신부가 되고 싶은 마음보다 신부가 되면 자동차를 사 주시겠다는 본당 신부님 말씀에 저는 사제가 되겠다고 마음을 먹었습니다. 고등학교 때 친한 친구들에게 처음으로 신부가 되겠다고 말했을 때 제 친구들은 이렇게 말했습니다.

"와, 말도 안 돼. 네가 신부님이 되면 나는 교황이다."

제 모습을 잘 알고 있던 친구들이 보기에 제가 사제가 된다는 것은 말도 안 되었기 때문입니다. 신학교 입학 시험 때 기억이 생생합니다. 먼저 면접시험을 본 학생들에게 물어보니, "어떤 신부님이 되고 싶니?", "제일 좋아하는 성경이 무엇이니?", "주교님께서 북한으로 파견하시면 갈 수 있니?" 이런 질문들을 받았다고 했습니다. 그래서 저도 열심히 답변을 준비해서 면접시험을 보러 들어갔는데, 당시 총장 신부님께서 제 성적표를 보시며 "김재덕! 넌 신학교 떨어지면 뭐 할래?"라고 물어보셨습니다. 순간 너무 당황해서 저는 이렇게 대답했습니다. "신학교 운동장에 텐트를 치고 받아 주실 때까지 살겠습니다." 그런 일이 있었으니 신학교 시험에서 떨어졌다고 생각했습니다. 며칠이 지난 뒤 성소국 수녀님께 전화가 왔습니다. 제가 신학교 시험에 합격했다고요. 훗날 성소국장 신부님을 통해 듣게 되었는데, 그날 저 때문에 교수회의가 늦게까지 열리게 되었답니다. 성적이 별로 안 좋았기 때문에 신학교에 입학하기 힘들다는 의견이 있었지만, 총장 신부님의 이 말씀 한마디로 정리가 되었답니다. "애가 성소가 있는 것 같아. 떨어지면 텐트 치고 산다고 말했어."

5분 성체 조배, 그리고 예수님과의 만남

"성소가 있는 것 같아."

저는 총장 신부님의 이 말씀과 함께 사제의 길을 걷기 시작했습니다. 하지만 막상 신학교에 들어와 첫날 밤을 보낸 뒤에 그만두고 싶은 생각이 들었습니다. 새벽부터 시작되는 기도와 성체 조배 그리고 미사. 고등학교를 갓 졸업한 저에게 신학교는 첫날부터 맞지 않은 곳으로 다가왔습니다. 주말마다 동기 신학생들과 기도와 묵상 나눔을 할 때면, 저는 항상 이렇게 말했습니다. "나는 기도 시간에 졸았어." 하루는 새벽 미사 때, 성체를 모시고 잠시 묵상하는 그 짧은 시간에 졸다가 꿈을 꿔서 비명을 질렀던 적도 있습니다. 시간이 지나면서 '이곳은 내가 있을 곳이 아니다.'라는 생각이 점점 커졌습니다. 신학교를 그만둘 마음을 먹자, 순간 너무 억울하다는 생각이 들었습니다. 다시 대학 입시를 준비하고, 삶의 목표를 다시 정하는 것이 쉽지 않을 것 같았기 때문입니다. 그날부터 잠을 자기 전에 경당에 가서 성체 조배를 시작했습니다. "예수님, 저는 이곳에 잘못 온 것 같아요. 지금부터 5분 동안 시간을 드리겠습니다. 십자가의 팔을 한 번 흔들어 주시던가, 아니면 다리라도 한 번 흔들어 주시면 당신께서 살아 계시다는 것을 굳게 믿고 사제가 되겠습니다. 자, 5분 시작합니다."

이렇게 예수님께 말씀드리고 5분 동안의 성체 조배를 시작했습니다. 물론 5분 뒤에 아무 일도 일어나지 않았습니다. "그럴 줄 알았어요." 저는 이렇게 말하고 경당을 나갔습니다. 그날부터 저는 예수님과 5분 동안의 싸움을 시작했습니다. 한 학기가 끝나갈 무렵, 그날도 "그럴 줄 알았습니다!" 이렇게 말하고 자리에서 벌떡 일어나 밖으로 나가는데 "조금만 더 있다, 가 주겠니?"라는 아주 또렷한 말씀이 제 마음 안에 울려 퍼졌습니다. 순간 눈물이 터져 나와 한동안 감실 앞에 앉아 펑펑 울었습니다.

"예수님께서 나를 기다리고 계셨구나. 내가 당신과 더 함께하기를 바라고 계셨구나."

그날부터 성체 조배를 사랑하게 되었습니다. 그리고 지금은 대전교구에서 '지속적인 성체조배회' 지도 신부로 봉사하고 있습니다.

돌머리 신학생에서 하느님 말씀을 공부한 사제로

저는 그리 공부를 잘하는 신학생이 아니었습니다. 그런 제가 사제가 되어, 로마 비블리쿰(교황청립 성서 대학)에서 유학을 하고 학위를 받았다는 사실에 많은 선배 신부님들이 놀랐습니다. 신학생 때는 재시험을 달고 살았습니다. 그러다 제 삶을 완전히 바꿔 놓는 일이 벌어지게 되었습니다. 신학교 2학년 어느 날, 본당 성소 분과에서 신학생 부모님들과 함께 신학교에 면회를 온 적이 있었습니다. 자리가 무르익자, 선배 학사님 한 분이 제가 공부를 너무 못한다고 교우들과 제 부모님 앞에서 핀잔을 줬습니다. 그때 눈을 어디에 두어야 할지 몰라 하시는 부모님 표정을 바라보며, 처음으로 공부를 못하는 것이 창피하다는 생각이 들었습니다. 자리를 피해 화장실에 들어가 얼마나 울었는지 모릅니다.

'두 번 다시는 공부 때문에 무식하다는 소리를 듣지 말자. 그 선배보다 훨씬 공부를 잘하는 사람이 되자.' 복수심에 불타, 그날부터 공부를 하기 시작했습니다. 돌머리가 공부를 하게 되면 어떻게 하는지 아시나요? 무섭게 공부를 합니다. 어떻게 공부를 해야 할지 몰라, 그날 배운 것을 그냥 다 외웠습니다. 그렇게 시간이 한참 지나 6학년 정도 되니, 제가 공부를 꽤 잘하는 사람이 되어 있었습니다.

사제가 된 뒤 교구장 주교님께서 보좌 신부 2년을 마치고 로마로 가서 성경을 공부하게 하셨습니다. 로마에서 약 8년 동안 성경을 공부했습니다. 그 시간 동안 하느님께서는 상처와 복수심으로 가득 찼던 제 마음을 하느님 말씀에 대한 사랑으로 가득 채워 주셨습니다. 지금 와서 생각해 보면, 그 선배가 얼마나 고마운지 모릅니다. 그 일이 없었다면 저는 지금처럼 신학교에서 학사님들에게 그리고 본당에서 교우들에게 하느님 말씀을 가르치는 사제가 되지 못했을 것입니다. 마치 구약의 요셉 이야기처럼. 하느님께서는 '모든 것이 함께 작용하여 선을'(로마 8,28) 이루어 주셨습니다.

부제 서품 전까지 방학 때마다 했던 아르바이트

신학교 3학년 겨울 방학 때 새로운 본당 신부님이 오셨습니다. 신부님께서 본당에 부임하시자마자, 저에게 부제품을 받을 때까지 방학 때마다 아르바이트를 하라고 하셨습니다. 안 해 본 일이 없었습니다. 쉬운 일을 구해서 가면 신부님께 혼나고 더 힘든 일을 찾아야 했습니다. 보도블록을 까는 일을 했고, 식당에서 설거지를 하기도 했습니다. 트럭을 몰아 보기도 했고, 밭에 나가 일하기도 했습니다. 학년이 올라갈수록 본당 신부님이 얼마나 미웠는지 모릅니다. 제 동기 신학생들은 서품이 가까이 다가올수록 방학 때마다 사제로서 해야 할 일들을 실습하고 배우는데, 저는 아르바이트만 계속했기 때문입니다.

한번은 시장에서 채소 도매상에 취업을 하게 되었는데 사장님이 개신교 집사님이셨습니다. 물론 그분은 제가 천주교 신학생인 줄은 전혀 모르셨습니다. 새벽 4시 출근, 오전 9시 전까지 가게로 들어오는 채소를 저온 창고 안에 쌓고 정리하기, 9시에 아침 식사를 마친 뒤에 시장 안에 있는 소매상들과 인근 식당에 채소 배달, 점심 식사 후에 저온 창고에 있는 채소 정리하기 순으로 일이 진행되었습니다. 첫날부터 고되게 일을 하고 난 뒤에, 아침을 먹을 때 저는 당연히 식사 전 기도를 했습니다. 그 모습을 물끄러미 바라본 사장님께서 저에게 말을 거셨습니다. "성당 다녀?" "네." "왜 그런 데를 다녀?" "성당이 어때서요?" "거기 마리아 믿는 곳이잖아." "아닌데요. 하느님 믿는데요." "그러지 말고 우리 교회 나와." "싫어요. 저는 성당이 좋아요."

일을 시작한 지 한 달 정도 되었을 무렵, 사장님께서 제게 질문을 하나 하셨습니다. "신부님 되실 분이라면서?" 어떻게 아셨냐고 물어보니, 시장에서 교우들이 지나갈 때마다 저에게 "학사님"이라고 불렀던 말이 무슨 뜻인지 궁금해서 알게 되었다고 하셨습니다. 그리고 그날부터 사장님의 박해가 시작되었습니다. 평상시보다 더 힘든 일과 궂은일을 시키셨습니다. 그때마다 저는 짧은 기도와 함께 성가를 부르며 일을 했습니다. 아르바이트를 마치는 날 사장님께서 임금을 주며 이렇게 말씀하셨습니다.

"신부님 되실 분이라고 해서 일부러 힘든 일을 시켜 봤는데, 역시 신부님 되실 분은 다르네. 요즘 젊은 사람들 일 시켜 보면 일주일도 안 돼서 그만둔다고 하거든. 다음 방학에도 와서 일해 주면 좋겠어."

사장님은 봉투 하나를 더 주면서 말씀하셨습니다.

"이거는 내가 주는 보너스. 책 사 보는 데 쓰셔."

시간이 지나고 사제 서품을 받던 날 깜짝 놀랐습니다. 개신교 집사님이셨던 사장님이 서품식 미사와 첫 미사에 오신 것입니다. 제가 아르바이트를 마치고 돌아간 뒤부터 천주교에 대해 관심이 생기기 시작했다고 했습니다. 사제 서품을 받는다는 소식을 듣고 용기를 내서 왔다며 좋은 신부님이 될 것이라며 제 손을 잡아 주고 가셨습니다.

당시 저는 방학 때마다 아르바이트를 하는 것에 대해 항상 불만이 가득했습니다. 동기 신학생들처럼 강론도 실습해 보고 싶었고, 청소년들과 함께 시간을 보내고도 싶었기 때문입니다. 그런데 하느님께서는 저에게 그 누구보다도 값진 실습을 시켜 주셨습니다. 교우들이 얼마나 어렵게 돈을 벌면서 신앙을 지키고 있는지, 비록 종교는 다르더라도 진심으로 누군가를 대하면 그 사람의 마음이 하느님께로 열리게 된다는 것을 배우게 되었습니다.

8년 동안의 로마 유학 생활
그리고 첫 본당에서 이루어 낸 기적

2년 동안의 보좌 신부 생활을 마치고 로마에 가서 성경을 공부하게 되었습니다. 히브리어와 희랍어, 아람어, 시리아어, 타르굼을 배웠고, 성경 비평 방법과 주석과 신학을 배웠습니다. 동시에 이탈리아어, 프랑스어, 독일어, 영어까지 배워야 했습니다. 아이큐가 92밖에 안 되는 돌머리가 이렇게 많은 언어와 성경을 공부하는 것이 얼마나 힘들었겠습니까? 정말 힘들었습니다. 하지만 하느님 말씀 안에 담겨 있는 의미들을 알아 나가는 기쁨이 저의 부족한 능력에서 오는 어려움들을 이겨 낼 수 있게 해 주었습니다. 반면에 유학 생활 내내 해결되지 않는 어려움이 있었습니다. 유학 생활 8년 동안 '교우들 없이 드리는 미사'가 저를 가장 힘들게 했습니다.

공부를 마치고 귀국해서 동창 신부 본당에서 한 달 정도 지내게 되었습니다. 동창 신부는 저에게 "재덕아, 외국에서 고생 많았지? 뭐 하고 싶어? 하고 싶은 거 내가 다 해 줄게."라고 말했습니다. 저는 고민도 하지 않고 이렇게 말했습니다.

"형, 나 미사 좀 하게 해 주라. 나, 형 본당 신자들하고 미사 좀 하

자. 나, 교우들하고 미사가 하고 싶어. 그게 제일 해 보고 싶어."

그날부터 저는 그 본당 교우들과 미사를 드리기 시작했습니다. 처음으로 미사를 드리던 날이 아직도 생생합니다. 제가 "주님께서 여러분과 함께"라고 말하니 교우들이 "또한 사제의 영과 함께"라고 응답해 준 목소리. 눈물을 몇 번이나 쏟을 뻔했습니다. 그때 저는 알게 되었습니다. 하느님께서는 유학 생활 동안 제가 당신 말씀만 공부하게 만드신 것이 아니었습니다. 교우들의 소중함, 사제에게 교우들이 얼마나 소중하고 값진지도 함께 가르쳐 주신 것이었습니다.

한 달이 지난 뒤, 저는 대전에 있는 작은 본당에 주임 신부로 발령이 났습니다. 주님께서 제게 맡겨 주신 첫 번째 교우들이 있는 본당, 설레는 마음과 함께 본당에 부임했습니다. 본당에 적응하고 난 뒤에 쌓여 있는 문제들이 눈에 보이기 시작했습니다. 2억이 넘는 부채, 고령화된 교우들, 빚을 질 수밖에 없는 본당 재정 상황. 저는 교우들과 함께 냉담자 찾기 운동을 시작했습니다. 얼굴을 본 적도 없는 냉담 교우들의 집을 찾아다니기 시작한 거죠. 초인종을 누르기 전에 느껴졌던 막막함. 아직도 그 느낌이 생생합니다. 한번은 봉성체를 하던 중에 길에서 냉담 교우 한 분을 만나게 되었습니다. 그분의 초대로 집에 가서 차를 마시며 예전에 계셨던 신부님께 상처를 받아 냉담하게 되었다는 말을 듣게 되었습니다. 그 순간 저도 모르게 무릎을 꿇고 이렇게 말했습니다.

"자매님, 용서해 주세요. 저희 사제들이 참 많이 부족합니다. 자매님 냉담 풀고 성당에 나오시면, 제가 더 기쁘게 해 드릴게요. 자매님이 받은 상처 잊을 수 있게 제가 더 기쁘게 해 드릴게요."

그러자 그 교우는 "신부님, 일어나세요. 왜 신부님이 무릎을 꿇고 용서를 청하세요? 신부님, 죄송해요. 냉담 풀고 이번 주부터 성당 나갈게요."라고 대답해 주었습니다. 1년 동안 냉담자 찾기 운동을 하면서 100명 이상의 냉담 교우들이 본당으로 돌아오는 기적이 일어났습니다. 교우들을 진심으로 대하고 다가가면 하느님께서는 반드시 기적을 일으켜 주신다는 것을 저는 아주 분명히 체험하였습니다.

4년 동안의 기다림, 그리고 유튜버 신부님

첫 본당에서 본당 신부로 지내면서, 교리신학원에 나가 교우들에게 성경을 가르치기 시작했습니다. 그런데 이상한 점은 아무리 시간이 지나도 신학교에서 제게 성경 강의를 한 과목도 맡겨 주지 않는 것입니다. '유학 마치고 들어온 첫해니까, 강의 준비하라고 시간을 주는가 보다.' 저는 이렇게 생각하며 한 해를 기다렸습니다. 그렇게 시작된 기다림은 3년, 4년이 지나도 묵묵부답이었습니다. 그러면서 교구 신부님들 사이에서 돌고 있는 이야기를 듣게 되었을 때 얼마나 마음이 아팠는지 모릅니다. "얼마나 못 살았으면, 유학 마치고 돌아왔는데도 신학교에서 강의를 안 준대?" 교구 신부님들과 함께 드리는 미사가 있을 때마다 그곳에 가는 것을 망설이게 되었습니다. 참 힘든 시간을 보냈습니다.

하루는 성체 조배를 하는데 이런 생각이 들었습니다. "이렇게 시간이 지났는데도 부르지 않는 것은 하느님께서 바라시지 않는 것이 아닐까?" 이 생각이 든 뒤부터 마음이 편안해졌습니다. 그리고 저는 '하느님께서 나에게 맡겨 주신 일을 더 열심히 하자.'라는 마음을 먹게 되었습니다. 본당 교우들에게 성경을 가르치기 시작했고, '청년 성서'를 통해 저에게 성경을 배운 교구 청년들을 위해 '오늘의 말씀'이라는 앱도 개발하게 되었습니다. 강론을 다시 듣고 싶어 하는 본당 교우들을 위해 유튜브도 시작했습니다.

하루는 본당에서 성경 강의를 마쳤는데, 어르신 한 분이 저에게 조심스럽게 말씀을 꺼내셨습니다. "신부님, 속상해하지 마시고 충언을 드린다고 생각하시고 들어 주세요. 신부님, 성경 가르쳐 주시는 거 도대체 무슨 말인지 하나도 모르겠습니다." 얼굴이 화끈 달아올랐습니다. 그리고 제가 강의를 어떻게 하고 있는지 생각해 보았습니다. '히브리어와 희랍어를 써 놓고 직독직해로 성경을 가르치고 있었으니, 당연히 어려웠겠구나.'라는 생각이 들었습니다. 하느님 말씀은 명쾌한 분석과 해석이 아니라, 성경 말씀을 통해 제가 듣게 된 하느님 말씀을 가르쳐야 한다는 것을 배웠습니다. 그 뒤로 제 모든 강의가 변하기 시작했습니다. 지금 생각해 보면 이 시기가 없었다면 교우들과 신학생들에게 공감이 가는 강의를 하지 못했을 것입니다.

4년이 지나고 난 뒤에 대전 신학교에서 연락이 왔습니다. 처음으로 신학생들에게 강의를 하러 가던 때가 지금도 생생합니다. 얼마나 가슴이 뛰었는지 모릅니다. 그다음 해부터는 수원 신학교에서도 강의를 하게 되었습니다. 유튜브도 갑자기 커지기 시작했습니다. 부족한 제 강론 때문에 20년 만에 냉담을 풀게 되었다는 댓글, 성체 조배를 하러 간다는 댓글, 평일 미사에 참례하러 간다는 댓글, 하느님 말씀을 사랑하게 되었다는 댓글들이 달리는 것을 보며 하느님께서 이렇게 부족한 저를 통해 은총의 열매를 맺어 내신다는 것을 느끼게 되었습니다.

귀국 후 4년 저에게는 참 힘든 시기였는데, 하느님께서 저를 통해 당신의 일을 하시기 위해 마련하신 아주 특별한 시간이었습니다.

"하느님을 사랑하는 이들, 그분의 계획에 따라 부르심을 받은 이들에게는 모든 것이 함께 작용하여 선을 이룬다는 것을 우리는 압니다."(로마 8,28)

신부님이 좋아하는 성경 말씀이다. 신부님은 스스로를 가리켜 한없이 부족하다고 한다. 공부도 못했고, 믿음이 컸던 것도 아니었으며 하느님께 특별한 부르심을 받은 것도 아니기 때문이다. 그렇다고 이해심과 포용력이 크지도 않았다. 하지만 하느님께서는 신학교 생활 10년, 사제 생활 16년을 통해 신부님을 당신의 도구로 변화시키셨다. 때로는 누군가로부터 받은 상처를 통해, 때로는 기다림을 통해, 때로는 동기 신부들과 달랐던 신학교 생활을 통해…. 당시에는 아프고 힘든 일이었지만 '모든 것이 함께 작용하여' 선을 이루었던 것이다. 그럼에도 여전히 부족함을 알기에 신부님은 모두에게 기도를 부탁하신다.

대전교구 김재덕 베드로 신부님은 2008년 사제품을 받았습니다. 로마에서 8년간 성경을 공부하고 돌아와 청년들을 위한 앱 '오늘의 말씀'을 개발했으며 유튜브 강론 채널 '내 안에 머물러라'를 운영하고 있습니다. 냉담 교우들에게 SNS 메시지로 복음 묵상을 보내는 등 냉담 교우 회두 활동에도 정성을 기울입니다. 현재 대전교구 천안원성동 성당 주임 신부이자 지속적인 성체조배회 담당 신부입니다.

YOUTUBE @김재덕베드로신부
내 안에 머물러라

한국순교복자성직수도회
이성호 레오나르도 신부

주님, 이미 당신께서는 모두 아십니다.

성소

제주도 면형의집으로 피정을 떠나면 이성호 레오나르도 신부님을 만날 수 있다. 피정 안에서 기쁘고 즐겁게 성경을 통독하는 방법을 안내한다. 하느님을 향한 신부님의 사랑과 성실함 안에서 신자들 또한 말씀 안에 머물며 하느님을 만나는 기쁨을 깨닫게 된다.

저는 본래 노량진에서 공무원 시험을 준비하는 평범한 수험생이었습니다. 1년 안에 합격하는 것을 목표로 했지만 생각처럼 공부가 되지 않았습니다. 시간이 지날수록 어려울 것 같다는 생각이 들어 무척 힘들었습니다. 낯선 서울에서 혼자 지내다 보니, 청년 미사에서 청년들과 함께 찬양하는 시간이 큰 의지가 되었습니다. 그러던 어느 날 노량진 성당에서 성령 세미나가 있었습니다. 성령 세미나에 참석하면 신앙에 의지할 수 있을 것 같다는 마음이 들었습니다. 참석 후 신자들의 신앙 체험을 듣는 것만으로도 힘이 났습니다.

어떤 이유에서인지는 모르겠지만 당시 저의 기도 지향은 냉담 중인 독서실 총무 형이 성당에 나오는 것이었습니다. 7주간의 시간이 흐르고 그 형이 성당에 나왔습니다. 처음으로 기도가 이루어졌다는 확신 안에서 기도하면 다 된다는 믿음이 생겼습니다. 얼마 뒤에 수험생들과 기도 모임을 시작하였습니다. 기도 모임을 열심히 하면 합격할 수 있을 것 같다는 믿음이 있었습니다. 기도 모임은 잘 이루어졌지만 공부는 생각대로 되지 않았습니다. 기도만 한다고 다 되는 것은 아니구나. 제 마음은 다시 초조해졌습니다. 그쯤 해서 기도 모임의 한 사람이 "용인 구성 성당으로 피정을 가자."라는 제안을 했습니다. 피정을 통해 힘을 얻으면 공부를 잘할 수 있을 것 같았습니다.

피정 지도 신부님께서 이사야서 말씀과 성가를 불러 주셨습니다. 마치 하느님께서 제게 직접 하시는 말씀처럼 느꼈습니다.

"두려워 말라. 내가 너를 건져 주지 않았느냐? 내가 너를 지명하여 불렀으니 너는 내 사람이다."(공동 번역 이사 43,1), "너는 눈에 넣어도 아프지 않을 나의 귀염둥이, 나의 사랑이다."(43,4), "나는 나만 생각했는데 나를 위해 주님 불렀는데. 사랑한다 너를. 사랑한다 너를. 부족해도 가난해도 아파 신음할 때도. 사랑한다. 내가 너를 원한다. 나는 구원자 예수 너의 사랑이다."(구원자 예수 너의 사랑)

저는 합격을 청하고자 피정에 참여했는데 예수님께서는 그저 사랑한다는 말씀만 해 주셨습니다. 동시에 제게 거룩한 부르심의 길로 오지 않겠느냐고 물어보시는 것 같았습니다. "예"라고 응답하고 싶은 마음이 너무나 컸습니다. 피정을 마치고 지도 신부님께 그동안의 일들을 말씀드렸더니 성소의 여정을 준비해 보라고 권하셨습니다.

피정을 마치고 일상으로 돌아오자 '하느님께서 부르신 것이 맞을까?'라는 생각이 들었습니다. 성소에 대한 확신을 얻고 싶은 마음에 수도회와 교구 모임에 참석했습니다. 열정을 다했지만 안타깝게도 길을 찾지 못했습니다. 한 신부님께서 성소 식별을 위해 성체 조배를 해 보라고 하셨습니다. 성체 앞에서 하느님께 말씀드렸습니다.

"하느님, 제 길을 알려 주시면 저는 그대로 따라가겠습니다. 왜 알려 주지 않으세요? 알려 주시면 그대로 가겠습니다."

계속해서 기도했지만 아무런 응답이 없었습니다.

어느 날, 그런 저를 안타깝게 여기신 한 수녀님께서 면담을 해 주셨습니다. 저는 가야 할 길을 도저히 모르겠다며, 1년 반 동안의 일들을 말씀드렸습니다. 수녀님은 저를 위해 성 최경환 프란치스코의 수리산 성지를 다녀오셨습니다. 그리고 제게 "복자회가 맞는 것 같아요."라고 해 주셨습니다. 수녀님 말씀이 제게 확신을 주었고 좋은 결과로 이어져 2011년 수도회에 입회하게 되었습니다.

주님은 마음을 본다

수도원은 제 생각과 전혀 달랐습니다. 성격과 성향이 전혀 다른 형제 수사님들과 형제애를 나누며 살아가는 곳이었습니다. 수도원에서는 하느님과의 기도, 형제 수사님들과의 관계, 신학 공부, 운동, 노래, 식사 준비, 노동, 봉사 활동 등 아주 다양한 부분들을 잘해야 했습니다.

저에게는 쉬운 일이 하나도 없었습니다. 주변 수사님들과 비교하는 마음이 점점 커졌습니다. 공부 잘하는 수사님, 운동 잘하는 수사님, 요리 잘하는 수사님 등등 각자 자기만의 특별한 '탈렌트'를 지니고 있었습니다. 반면에 저는 아니었어요. 밥을 지으면 어떤 날은 설익은 밥이 되고, 또 다른 날은 진밥이 되었습니다. 일상의 걱정뿐이 아니었습니다. 라틴어 재시험도 통과할 수 있을까 전전긍긍했습니다. 제 자신의 부족함을 보며 왜 제게는 저만의 특별함을 주지 않으셨을까 속상했습니다. "힘들어도 3년은 살아 보는 것이 좋다."는 선배 수사님의 위로에 3년을 보냈습니다. 첫 서원을 준비하며 '예수마음기도 8박 9일 피정'에 참여하게 되었습니다. 많은 어려움과 '탈렌트'에 대해 기도했습니다.

"예수님, 저에게는 왜 아무것도 주지 않으셨어요? 뭐라도 주셔야 수도자로 살아갈 수 있지 않겠습니까?"

너무 속이 상해서 눈물이 났습니다. 피정 마지막 날, 아침 미사의 독서 말씀을 듣게 되었습니다. 사무엘은 주님께서 뽑으신 이를 찾으려고 이사이를 찾아갔습니다. 사무엘은 이사이의 아들 엘리압을 보고 주님께서 뽑으신 이라고 생각했습니다. "주님께서는 사무엘에게 말씀하셨다. '겉모습이나 키 큰 것만 보아서는 안 된다. 나는 이미 그를 배척하였다. 나는 사람들처럼 보지 않는다. 사람들은 눈에 들어오는 대로 보지만 주님은 마음을 본다.'"(1사무 16,7)

제 마음에 큰 울림으로 다가왔습니다. 속상한 마음이 사라지고 기쁨이 찾아왔습니다. 하느님께는 겉모습이나 조건이 아니라, 하느님께 대한 마음이면 충분하다는 것을 깨달았습니다. 무엇인가를 잘하려고 하지 말고, 있는 그대로 하느님께 대한 진실한 마음으로만 나아가면 된다는 것을 알게 되었습니다. 사무엘이 다윗을 찾는 장면은 첫 서원을 하는 제게 아주 큰 힘이 되었습니다.

말하지 않아도 아시는 예수님

종신 서원 피정을 하기 전이었습니다. 평생 수도자로 살겠다고 하느님께 서원하는 중요한 시간이었습니다. 어떤 수사님은 종신 피정 전에는 하느님에 대해 잘 몰랐는데 피정을 하면서 그분에 대해 확실히 체험했다고 전해 주었습니다. 또 다른 수사님은 종신 피정에서 수도자로 살아갈 수 있는, 평생 양식과도 같은 체험을 했다고 하셨습니다.

'하느님께서 혹시 나에게 체험을 안 주시면 어떡하지?' 걱정이 앞섰지만, 피정을 지도해 주시는 선배 수사님의 가르침에 충실히 따르겠다고 다짐했습니다.

피정에서의 구체적인 기도 방식은 렉시오 디비나였습니다. 피정 동안 두 번 크게 이끌어 주시는 바가 있었습니다. 30일 피정의 마지막 기도는 루카 복음의 '엠마오로 가는 두 제자'였습니다. 두 번의 체험 안에서 크게 이끌어 주시는 바가 있었던 만큼 마지막 기도는 비교적 가벼운 마음으로 대했습니다.

"바로 예수님께서 가까이 가시어 그들과 함께 걸으셨다. 그들은 눈이 가리어 그분을 알아보지 못하였다."(루카 24,15-16) 예수님은 변하지 않으셨습니다. 그럼에도 예수님의 제자들은 예수님을 알아보지 못했습니다. 그들의 눈이 가려져 있었기 때문입니다.

"(예수님께서) 모세와 모든 예언자로부터 시작하여 성경 전체에 걸쳐 당신에 관한 기록들을 그들에게 설명해 주셨다."(루카 24,27) 예수님께서는 두 제자들에게 당신에 관해 전해 주셨습니다. 그리고 시간이 늦어져서 제자들과 함께 집에 들어가게 되었습니다.

"그들과 함께 식탁에 앉으셨을 때, 예수님께서는 빵을 들고 찬미를 드리신 다음 그것을 떼어 그들에게 나누어 주셨다. 그러자 그들의 눈이 열려 예수님을 알아보았다."(루카 24,30-31) 예수님께서 빵을 떼어 나누어 주시자 제자들은 예수님을 알아봅니다. 예수님께서 알려 주실 때 비로소 예수님을 알아볼 수 있다는 것을 알게 되었습니다.

엠마오 가는 두 제자 말씀 중에 제 마음에 새겨진 구절은 24장 31절 "그들의 눈이 열려 예수님을 알아보았다."였습니다. 이 구절로 한 시간 동안 렉시오 디비나를 통해 마음에 새기는 기도를 하게 되었습니다. 기도 안에서 느낀 것은 엠마오로 가는 제자들이 왜 같은 예수님이셨는데 눈이 가리어서 알아보지 못했을까? 혹시 나도 제자들처럼 예수님께서 계셨는데 알지 못한 순간이 있었을까? 수도회 입회부터 제 삶의 이야기를 천천히 돌아보게 되었습니다. 그러다가 가장 힘들었던 순간이 떠올랐습니다.

수도회 입회 후 5년 차 되던 해에 장상 수사님과 새해 계획에 대해 면담하는 시간을 가졌습니다. 저는 "그동안 기도가 부족했으니 기도 계획을 세워 보았습니다."라고 말씀드렸습니다. 당연히 칭찬받을 것이라고 생각했는데 "기도 계획을 세우지 마세요. 계획을 채우면 더 이상 기도하지 않게 되잖아요."라는 뜻밖의 말씀을 듣게 되었습니다.

장상 수사님의 지도는 저에게 엄청난 충격으로 다가왔습니다. 늘 기도 계획을 세우고 그것을 지키려고 했던 제 모습이 떠올랐습니다. 수도원에 들어와서 5년 동안 했던 기도가 거짓된 기도였을까? 제 수도 생활이 전부 거짓말이 된 것처럼 느껴졌습니다. 하느님께 대한 진심은 없고 억지로 기도 생활을 해 왔다는 생각마저 들었습니다. 그때부터 저는 더 이상 기도를 할 수가 없었습니다. 수도 생활의 의미를 찾지 못해서 그만두고 싶다는 생각마저 들었습니다. 그 무렵 신학원 경당에 있을 때였습니다. 막내 수사님이 지나가면서 초코파이 광고의 노랫말 '말하지 않아도 알아.'를 불러 주었습니다. 여러 가지 복잡한 고민 속에 지내다 보니 힘든 표정을 하고 있었나 봅니다. 막내 수사님이 '말하지 않아도 안다.'고 위로해 준 것입니다.

갑자기 노래 가사가 마음에 크게 다가왔습니다. 저는 하느님께 '이렇게 힘든데 왜 저와 함께 계셔 주지 않으시냐?'며 따지고 있었습니다. 그때 하느님께서 "네가 말하지 않아도 안다."라고 하시는 것 같았습니다. 하느님께서는 제가 힘들어하고 고통스러워할 때, 눈물 흘리는 순간에 저 멀리서 팔짱을 끼고 보시는 분이 아니었습니다. 온 마음으로 아시고, 제가 말하는 것도, 제가 말하지 않는 모든 내용까지 다 알고 계셨습니다.

시편 139편이 단순한 말씀이 아니라 살아 있는 말씀이며, 말씀대로 이루어진다는 것을 느꼈습니다.

> 주님, 당신께서는 저를 살펴보시어 아십니다.
> 제가 앉거나 서거나 당신께서는 아시고
> 제 생각을 멀리서도 알아채십니다.
> 제가 길을 가도 누워 있어도 당신께서는 헤아리시고

당신께는 저의 모든 길이 익숙합니다.
정녕 말이 제 혀에 오르기도 전에
주님, 이미 당신께서는 모두 아십니다.

(시편 139,1-4)

제가 만난 예수님은 참으로 말하지 않아도 아는 분이셨습니다. 예수님께서는 눈이 가리어 당신을 알아보지 못하는 저를 위해 제 눈을 열어 알게 해 주셨습니다.

예수님을 만날 수 있는 길, 어르신 공경

화성 순교자의 모후 신학원에서의 시간을 마치고 서울 성북동 본원으로 오게 되었습니다. 본원에는 어르신 수사님, 중장년 수사님, 학생 수사님 등 다양한 연령대의 수사들이 모여 살고 있습니다.

본원에서 저는 여러 가지 역할을 하게 되었습니다. 젊은 수사들이 주축이 된 '어르신 공경 팀'에도 들어갔습니다. 어르신은 봉사가 아닌 공경을 받으셔야 하기에 명칭도 '어르신 공경 팀'입니다. 그럼에도 저는 의무감으로 어르신 수사님을 모셨습니다. 참 어려웠습니다. 특히 드시지 않겠다는 약을 드시게 하는 일은 무척 어려웠습니다. 학교도 가야 하고, 다른 일도 많은데 약을 드시지 않겠다고 하실 때마다 속상했습니다.

그런 저와는 달리 공경 팀의 다른 수사님은 어르신 수사님과 장기도 자주 두고 편안하게 지내고 있었습니다. 어르신 수사님께서 장기 두는 것을 무척 좋아하셨습니다. 저는 장기를 두지 못한다는 핑계를 댔지만, 솔직히 의무감만 있을 뿐 어르신 수사님과 가까이하고 싶은 마음이 없었습니다. 어르신과 친해지는 방법이 장기라는 것을 알면서도 배우려 하지 않았습니다. 장기를 자주 두던 수사님은 어르신 수사님께 정성을 다했습니다. 가장 좋은 이불을 드렸고, 옷도 가장 좋은 것을 드렸습니다. 한번은 어르신 수사님이 신던 슬리퍼가 끊어졌습니다. 수사님은 그 실내화를 가지고 가서 똑같은 실내화를 기어이 구해 왔습니다. 환경의 작은 변화에도 어르신은 힘들 수 있다면서요. 정성을 다하는 수사님과 함께하면서 저도 조금씩 의무감에서 벗어났습니다.

그러던 어느 날 성경을 보았습니다. "너희가 내 형제들인 이 가장 작은 이들 가운데 한 사람에게 해 준 것이 바로 나에게 해 준 것이다."(마태 25,40)

이 말씀을 보면서 크게 깨닫게 되었습니다. 어르신 수사님께 다가가는 순간이 바로 예수님께 다가가는 순간이었습니다. 그때부터 어르신을 만날 때마다 저는 예수님을 뵙게 되었습니다. 장기도 기쁘게 배웠고, 수사님 방도 정성껏 청소했습니다. 어르신 수사님과 함께하는 시간들도 기쁨으로 채워졌습니다. 마태오 복음 25장 40절의 '바로 나에게 해 준 것이다.'라는 말씀이 제 마음속을 파고들었기에 어르신 수사님을 예수님으로 모실 수 있었던 것입니다. 말씀은 이처럼 우리의 마음을 변화시켜 줍니다.

성경 통독 모임 · 365 말씀 순례길

코로나가 한창일 무렵, 제주 면형의집 피정의 집에서 사도직을 하게 되었습니다. 미사가 중단된 상황에서 어려운 시험을 준비하는 지인으로부터 '시험을 마칠 때까지 함께 기도하면 좋겠어요.'라는 연락을 받은 뒤 성경 통독 모임을 제안했습니다. 매일 다양한 성경 구절을 읽으면 지루하지 않고 재미있을 것 같다는 생각에 성경 통독표(미국_The Coming Home Network, CHResources)를 활용하기로 했습니다. 가까운 지인 7명과 함께 시작한 성경 통독 모임은 많은 신자들이 참여하는 모임이 되었습니다.

성경을 읽고 공책에 구약, 시편, 신약에서 다가온 구절을 적습니다. 처음에는 매일 진행했는데 다소 무리가 된다는 의견이 있어 주 5일로 변경했습니다. 단순하게 다가온 구절을 적는 것보다 묵상을 적으면 더 효과적일 것 같았습니다. 여럿이 함께하는 성경 통독인 만큼 묵상한 말씀을 나누기로 했습니다. 전국 각지에서 참여하기에 한 달에 한 번 온라인 모임을 갖기로 했습니다. 성경을 통독하고 모임을 이끌어 나가는 방법들을 구체화하면서 보다 많은 신자들이 성경말씀 안에 머물기 시작했습니다.

하느님께서 말씀을 통해 저를 위로하시고 때론 잘못된 길로 가는 저를 바로 세워 주셨듯이 모임에 참여한 신자들 또한 말씀 안에서 위로받으며 올바른 길로 나아가고 있습니다. 말씀을 새기며 살고자 노력하다 보니 말씀 안에서 울려 퍼지는 의미도 깊어졌습니다.

"평화의 하느님께서 여러분을 온전히 거룩한 사람으로 만들어 주시기를 빕니다. 또 여러분의 심령과 영혼과 육체를 우리 주 예수 그리스도께서 다시 오시는 날까지 완전하고 흠 없게 지켜 주시기를 빕니다."(공동 번역 1테살 5,23)

늘 하느님 뜻과 다르게 살아가는 제 모습을 보며, 어떻게 해야 거룩하게 살 수 있을까 고민했습니다. 마음속에 이 문제를 담아 두고 지냈습니다. 어느 목요일, 성무일도 끝기도 성경 소구 말씀에서 답을 얻었습니다. 너무나 기뻤습니다. 스스로 거룩하게 되는 것이 아니라, 하느님께서 거룩하게 해 주시는 것이었습니다. 그저 우리는 하느님께 맡기면 됩니다. 노력해서 하느님께 다가가려고 했는데 그저 하느님께 맡기기만 하면 된다고 하니 더없이 편안한 마음이 들었습니다.

통독 여정에서 창세기를 지나 탈출기 말씀을 보며, 한 장면이 마음에 들어왔습니다.

"주님께서는 마치 사람이 자기 친구에게 말하듯, 모세와 얼굴을 마주하여 말씀하시곤 하였다."(탈출 33,11)

모세는 40년 동안 광야에서 힘들게 지내며 하느님과 직접 대화를 나누었습니다. 시나이산에서 대화를 나누었고 만남의 장막에서 대화를 나누었습니다. 모세가 하느님과 대화를 나누는 성경 말씀을 읽으면서 제 마음에 한 가지 그림이 그려지기 시작했습니다. 모세가 하느님을 직접 만나서 대화를 나누는 것처럼 '성경을 읽는 순간이 하느님을 만나는 순간이구나.'라는 깨달음이었습니다. 머리가 아닌 마음으로 받아들이게 된 것입니다.

"주님께서 기브온에서 나타나셨던 것처럼, 솔로몬에게 두 번째로 나타나시어 이렇게 말씀하셨다. '나는 네가 내 앞에서 한 기도와 간청을 들었다. 네가 세운 이 집을 성별하여 이곳에 내 이름을 영원히 두리니, 내 눈과 내 마음이 언제나 이곳에 있을 것이다.'"(1열왕 9,2-3)

하느님께서는 솔로몬의 기도를 듣고 계셨다고 말씀하십니다. 그동안 우리가 간절하게 하느님께 드렸던 수많은 기도가 있습니다. 기도가 이루어지지 않았을 때는 원망하는 마음도 생기고, 하느님께서 기도를 듣고 계실까, 의심도 들었습니다.

그러나 '나는 네가 내 앞에서 한 기도와 간청을 들었다.'는 말씀을 보면서, '하느님께서는 우리의 기도를 하나도 땅에 떨어지도록 두지 않으시고, 모두 듣고 계신다.'는 믿음이 생겼습니다.

성경은 하느님의 말씀입니다. 읽는 순간 우리에게 깨달음을 주시고, 알게 된 바를 실천할 수 있도록 도와주십니다. 면형의집에 오신 많은 신자들에게 성경 통독표를 나눠 드리고, 모임을 할 수 있도록 방법을 가르쳐 드렸습니다. 이제는 전국적으로 많은 분들이 참여하고 계십니다. 성경 통독표와 방법을 묶은 책을 '365 말씀 순례길'이란 제목으로 출간했습니다. 몇몇 성당을 방문해 성경 통독 모임을 시작할 수 있도록 특강도 했습니다. 통독을 마친 뒤에는 해설서를 통한 통독 심화 과정을 소개하고 있습니다.

종신 서원을 앞두고 신부님은 어떤 말씀을 정해야 할지 기도하셨다. 기도 안에서 '예수님께 여쭈어보는 말씀으로 정하면 좋겠다.'고 마음이 모아졌다. 결국 사도행전에서 사울이 예수님께 여쭈어보는 말씀으로 정했다. 그럼에도 여전히 신부님은 자신이 원하는 것을 하려 하지만 그럴 때마다 주님의 뜻을 찾기 위해 "주님, 제가 어떻게 해야 합니까?"(사도 22,10)라고 여쭈어본다. 굽이굽이 어려움 속에서 지낼 때마다, 말씀이 어둠에서 빛으로 이끌어 주셨기 때문이다. 모든 것이 부족하고, 하느님의 마음도 잘 모르지만 "주님, 제가 어떻게 해야 합니까?" 여쭈며 나아가는 것이다. 오늘도 부족한 기도로 함께하며, 기도 중에 기억해 주시길 청했다.

이성호 레오나르도 신부님은 2011년 한국순교복자성직수도회에 입회하여 2017년 종신 서원을 하고, 2019년 사제품을 받았습니다. 제주 피정 센터 면형의집에서 소임을 하고 있고, 유튜브 강론 채널 '하느님의 사랑 수사'를 운영하고 있습니다.

 '365 말씀 순례길' 해설 및 구입 안내

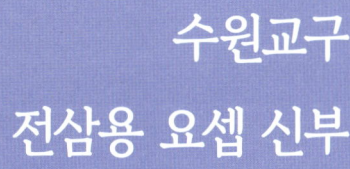

수원교구
전삼용 요셉 신부

제 인생 좌우명은 '행복'입니다.

삶의 나침반이 되어 준 기도

전삼용 신부님의 기도 체험은 아주 작은 것에서부터 시작되었다고 한다. 초등부 주일 학교 교리 교사로 봉사할 때, 야단을 쳐서 집으로 가겠다고 나갔던 아이가 잠깐 기도 후 바로 돌아왔기 때문이다. 이후 술 내기를 할 때 꼭 이기게 해 달라고 기도했는데 신기하게도 취하지 않아 이겼다. 그때부터 신부님은 기도라고 하기에도 민망한 체험들이 쌓인 결과 기도의 힘을 믿게 되었다.

제 생애 첫 기억은 '할머니의 죽음'입니다. 녹색 찬연한 들판 사이 구부정한 시골길로 울긋불긋한 상여가 슬픈 상엿소리와 함께 멀어져 가던 모습이 제게 남아 있는 생애 첫 기억입니다. 저는 어머니께 죽음에 관해 물었습니다. 어머니는 이렇게 대답해 주셨습니다.

"할머니처럼 땅에 묻혀서 영원히 자는 거야."

그 이후부터 저는 잠을 두려워했습니다. 잠잘 때 분명히 내 존재가 땅속에 묻힌 것처럼 사라지기 때문입니다. 그러던 중 공포가 사라진 날이 있었습니다. 잠을 자기 위해 누웠는데 두려움 대신 편안함을 느꼈습니다. 피곤했기 때문입니다. 저에게 '왜 오늘은 잠이 두렵지 않을까? 다른 날과 뭐가 달랐지?'라고 물었습니다.

'아, 오늘 온종일 정말 정신없이 행복하게 놀았구나!'

낮에 무엇을 했는지 구체적으로 떠오르지는 않습니다. 동네 친구들과 눈뜰 때부터 눈 감을 때까지 재미있게 놀았던 기억만 있습니다. 그때부터 지금까지 제 인생 좌우명은 '행복'입니다. 행복하니 잠도 행복하게 잘 수 있는 것처럼 행복한 인생을 살면 죽음도 행복할 것이란 믿음이 생겼습니다. 이후로 행복하지 않으면 아무것도 하지 않기로 결심했습니다.

그러나 삶은 그리 호락호락하게 행복을 허락하지 않았습니다. 특히 고등학생이었을 때 스스로 '절대적 고독'이라고 이름 붙일 정도로 외로움을 느꼈습니다. 시골에서 도시 학교에 다니며 경쟁의 삶 안에서 외로울 수밖에 없었습니다. 부모님이 해 주실 수 있는 일에도 한계가 있었습니다. 내가 누구인지, 왜 태어났는지 알고 싶었습니다. 왜 이 고생을 해야 하는지 그 이유를 알고 싶었던 것입니다. 그 누구도 제 고민에 관심이 없었습니다. 그저 공부해서 좋은 대학에 가야 한다는 말뿐이었습니다.

저는 친구들에게 솔직하게 "외롭다, 외롭다."라는 말을 하였습니다. 제 한탄을 듣던 한 개신교에 다니던 친구가 "너 성당 다니잖아. 예수님께서 함께 계시는데 뭐가 외로워?"라고 말해 주었습니다. 저는 자존심이 상했습니다. 하지만 대꾸할 수 없었습니다. 맞는 말이었기 때문입니다.

'저 아이는 어떻게 하느님 현존을 저렇게 확신하며 살 수 있을까?'

사실 하느님을 믿는다면서 외롭다는 말은 분명 거짓이었습니다. 믿는다면 외롭지 않아야 합니다. 저는 제가 하느님께서 저와 함께 계심을 믿지 않으려고 했음을 인정할 수밖에 없었습니다. 몰래 죄를 짓기 위해서입니다. 그분이 함께 계심을 느꼈으면 좋겠다고 생각했습니다.

어느 날 자전거를 타고 시골길을 달리는데 귀밑으로 스치는 시원한 바람에 주님께서 함께 계심이 느껴졌습니다. 그냥 그런 느낌이었습니다. 평화로웠습니다. 신기한 것은 그 이후로 그 평화가 거의 사라지지 않았다는 것입니다. 두 번 다시 외로움을 느껴 본 적도 없습니다. 참으로 신기한 일이었습니다. 이것이 제가 한 기도의 커다란 체험입니다. 주님께서 함께 계시는지 알고 싶었던 것이 기도가 된 것입니다. 이러한 현존 인식은 잠과 죽음에 대한 공포도 사라지게 해 주었습니다. 아이들은 자기를 보호해 줄 부모만 함께 있으면 아무것도 두려워하지 않으니까요.

기도는 행복하기 위해 하는 것입니다. 그 행복은 주님께서 함께 계심을 마음으로 믿을 때 찾아옵니다. 또한 이 믿음은 기도하지 않으면 얻을 수 없습니다.

나는 하느님의 모든 것을 받은 존재

스물여섯 살에 신학교에 들어갔습니다. 이전에는 사제가 되고 싶다고 생각한 적이 단 한 번도 없었습니다. 신학교에서의 삶은 저에게 광야였습니다. 행복하지 않았습니다. 내가 포기한 것에 비해 주님께서 주시는 것들은 너무나 미약해 보였습니다. 신학교가 마치 감옥이나 군대처럼 느껴졌습니다. 모든 자유를 빼앗긴 것 같았습니다.

신학교에서의 첫 사순 시기를 맞으며 일주일 동안 단식하기로 마음먹었습니다. 이틀을 꼬박 굶고 잠자리에 들었는데 배가 고파서 잠을 잘 수가 없었습니다. 일주일을 버티며 유일하게 먹을 수 있었던 음식이 '성체'였습니다. 저는 내일 아침 미사 때 모실 성체가 누렇고 큰 우리 밀로 만든 달콤한 것이었으면 좋겠다고 생각하며 잠자리에 들었습니다.

다음 날 아침 미사 때 받은 성체는 정말 누렇고 크고 구수한 제병으로 축성된 것이었습니다. 그것을 먹고(그때까지는 성체를 영하지 못하고 비타민처럼 먹고 있었습니다. 양식이 아니라 그냥 음식이었습니다) 자리로 돌아가는 동안에 배가 불러오기 시작했습니다. 마치 세 끼를 한꺼번에 먹은 것처럼 배가 불렀습니다. 신기해 '단식 기간을 한 달로 늘려야겠다.'라는 생각까지 했습니다.

자리로 돌아왔을 때 예수님의 음성을 명확하게 들었습니다. 부드러우면서도 안타까워하시는, 사랑 가득한 목소리였습니다. 그 목소리는 깊은 깨달음과 함께 머리를 강하게 때렸습니다. 두 마디를 하셨는데, 그 첫마디는 "그래, 너 나에게 많이 주었니?"였습니다.

저는 제가 주님께 더 많이 드렸다고 믿고 있었습니다. 저 자신을 봉헌하는 것에 공치사하고 있었습니다. 그에 합당한 보답을 주지 않으신다고 하느님께 '불만'을 품었습니다. 사실 그때까지 제가 한 기도는 봉헌이 아니라 '거래'였습니다. 감사가 빠져 있었기 때문입니다. '나의 것'을 드린다고 믿는 순간부터 나는 주님의 종이 아닌 주인이 됩니다. 주님은 나의 주인이 아닌 종이요 금송아지가 됩니다. 이것이 '우상 숭배'입니다. 여물을 주었으니 밭을 갈아야 마땅하지 않으냐고 생각하고 있었던 것입니다. 제가 드린다고 착각하는 것도 다 주님의 것이었습니다. 이런 깨달음 속에 두 번째 음성이 들렸습니다.

"그런데 난 너에게 다 주었다."

그분은 '다' 주고 계셨습니다. 성체와 성혈이 당신의 전부였습니다. 당신의 살과 피가 아니면 누구도 구원될 수 없습니다. 부모가 주는 양식이 아니면 아기는 온전한 성인으로 자랄 수 없습니다. 그것을 통하지 않고는 자신이 인간이고 부모처럼 할 수 있음을 믿을 수 없기 때문입니다. 우리도 그리스도의 살과 피가 아니면 하느님 자녀가 될 수 없습니다. 우리는 하느님의 '다'를 받은 존재입니다.

하느님께서 '다' 주신다는 것은 하느님처럼 되었다는 뜻입니다. 저는 이것이 베드로 사도가 말하는 "하느님의 본성에 참여"(2베드 1,4)하는 것임을 깨달았습니다. 교회도 예수님께서 "인간을 신으로 만들기 위하여 인간이 되셨다."(『가톨릭교회교리서』, 460항)라고 가르칩니다. 이제 우리도 그리스도처럼 물 위를 걸을 수 있는 존재가 된 것입니다. 또 그렇게 믿어야 불가능한 일이 가능해집니다. 할 수 있다고 믿어야 할 수 있습니다. 그렇게 원수도 용서하고 사랑할 수 있는 존재가 되는 것입니다.

그 순간 변한 것은 하나도 없었지만 갑자기 행복해졌습니다. 그리고 참행복은 먹고 마시는 일이 아니라 자존감임을 깨달았습니다. 내가 누구인가라는 믿음에 따라 행복이 결정되는 것입니다. 성체를 영한 후, 마치 천민이었다가 왕이 된 것처럼 기분이 좋아졌습니다. 이 행복은 그 뒤로도 기도할 때마다 찾아왔습니다. 그리고 모든 기도는 성체성사와 연결되었습니다. 자존감을 회복하기 위해 미사도 하고 기도도 하는 것입니다.

규칙적으로 기도하는 습관

"그래, 너 나에게 많이 주었니? 난 네게 다 주었다."라는 예수님의 음성을 들었을 때 저는 그 감사함에 그분께 무엇이든 다 해 드리고 싶었습니다. "이젠 주님께 보답하기 위해 무슨 일이라도 하겠습니다.

제가 무엇을 해야 주님께서 기쁘실까요?"라고 기도 중에 여쭈었습니다. 그랬더니 주님께서는 "나는 포도나무이고 너는 가지일 뿐이다. 너는 나 없이 아무것도 하지 못한다. 그냥 나에게 붙어만 있어라. 그러면 열매는 저절로 맺힐 것이다."라고 말씀하셨습니다. 내 힘으로 무언가 할 수 있다고 착각하고 있었던 것입니다.

이 말씀이 제 삶의 패턴을 바꿔 놓았습니다. '성체 조배'가 하루의 중심이 되었습니다. 성체 조배가 예수님께 붙어 있을 수 있는 시간으로 여겨졌습니다. 성체가 예수님이기 때문이죠. 저는 매일 일정 시간을 성체 조배 시간으로 정해 놓고 '가장 우선하여 그 시간을 채우려고 노력'합니다. 그 시간을 채우지 않으면 교만해진 것이라 여기기로 했습니다. 실제로 그렇습니다. 기도하지 않으면 교만한 것입니다. 부모의 양식 없이 혼자 성장할 수 있다고 말하는 아이와 같으니까요. 물론 그 정도로 교만한 아이는 없습니다. 우리는 하느님의 자녀라고 말하면서 그렇게 하고 있었습니다.

저도 성체 조배를 어떻게 하는지 몰랐습니다. 그냥 그분과 함께 있음을 믿고 시간을 정해 놓은 뒤 그 시간 동안 '버텼습니다.' 쇠붙이도 자석과 붙어 있으면 자성이 생깁니다. 어렸을 때 장롱 밑을 쓸다가 자석과 붙어 있는 쇠붙이를 발견했습니다. 어느 순간 쇠붙이가 자석이 되어 있었던 것입니다. 자석과 떨어뜨려 놓아도 자기들끼리 붙습니다. 풀무 불 속에 오래 있으면 몸이 뜨거워지는 것과 같은 이치입니다. 기도로 주님과 함께 머물면 은총은 저절로 흘러들어 옵니다. 물론 머문다는 것은 유쾌한 일이 아닙니다. 참아 내는 시간입니다. 그 시간을 견디기 위해 묵주를 돌리고 기도문과 책을 읽고 자유로운 대화를 시도하는 것입니다.

보좌 신부 때 한 자매가 젖먹이 둘을 둘러업고 찾아왔습니다. 이야기를 들어 보니 남편이 바람나서 집을 나갔다는 것입니다. 달랑 작은 아파트 하나 있는데 아이들을 어떻게 키울지 고민하다가 아이들과 함께 극단적인 선택까지 생각했다고 말했습니다. 저는 자매님에게 남편이 돌아오면 용서할 마음이 있는지 물어보았습니다. 용서할 수 없다고 대답했습니다.

"그 마음을 갖고 있으면 남편이 안 돌아올 것입니다. 우선 마음 안의 미움을 없애야 하느님께서 남편을 돌려주실 테니 용서하는 마음을 갖기 위해 매일 성당에 와서 한 시간씩 성체 조배를 해 보세요."

처음에는 반신반의하는 모습이었지만 일주일 후에 남편이 돌아와서 무릎을 꿇고 용서를 빌었다고 합니다.

1년 동안 성체 조배를 했는데도 남편이 돌아오지 않은 자매도 있었습니다. 놀라운 사실은 바람을 피우고 들어오는 남편이 밉지 않고 불쌍했다고 합니다. 며칠 만에 집에 들어오면 "바람피우느라 고생했다."며 밥을 차려 주고 이불도 깔아 주며 "쉬었다가 또 바람피우러 나가세요."라고 했다는 것입니다. 이렇듯 우리 힘으로 할 수 있는 일은 아무것도 없습니다. 반면에 주님께 붙어 있으면 모든 것을 할 수 있습니다.

이런 체험들 덕분에 유학을 가야 했을 때도 두려워하지 않았습니다. 성체 조배만 꾸준히 하면 다 될 것이라고 믿었기 때문입니다. 그래서 하루 세 시간씩 무조건 성체 앞에 앉아 있으려고 했습니다. 그만큼 공부할 시간이 부족했지만, 결과적으로는 더 빨리 공부를 마치고 돌아올 수 있었습니다. 기도를 믿는 사람이 되었습니다. 지금도 기도 시간을 채우지 않으면 동물의 본성이 올라오는 것이 느껴져 하루의 가장 중요한 시간을 기도 시간으로 정해 놓고 다른 일정들은 그사이에 끼워 넣습니다. 기도하지 않고 무언가를 할 수 있다고 믿으면 아직 참기도의 힘을 알지 못하는 사람입니다.

기도를 통해 얻은 소명에 대한 확신

제가 일반 대학을 다닐 때 우연히 읽게 된 책이 있습니다. 그 책을 다 읽고 사제가 되고 싶다는 마음을 가지게 되었습니다. 마리아 발토르타의 『하느님이시오 사람이신 그리스도의 시』입니다. 열 권을 모두 읽고 예수님 제자들의 모습이 부러워졌습니다. 돈이나 성공을 위해 달려 나가는 모습보다 사람의 영혼을 구원하기 위해 험한 길을 가는 저를 상상하는 것이 더 좋았습니다. 이웃이 행복할 때 나도 행복할 수 있음을 알게 되었고 이웃을 행복하게 하는 가장 큰 방법은 이웃의 영혼을 구원하는 일임을 알게 되었습니다. 그래서 잘 다니던 대학을 자퇴하고 신학교에 들어가기로 결심했습니다.

신학교 과정을 마치고 사제 서품 피정을 하는 동안 저는 주님께서 불러 주셨다면 확실한 표징을 달라고 청했습니다. 그러나 피정 기간 내내 그 어떤 확신도 받지 못했습니다. 마지막 8일째 되는 날 저녁, 약간의 실망감을 안고 산에서 내려올 때 제 눈앞에서 죽은 나뭇가지의 잎새 하나가 땅에 떨어졌습니다. 문득 '오 헨리'의 『마지막 잎새』가 생각났습니다. 동시에 무언지 모를 힘에 압도되었습니다. 떨어지는 나뭇잎 주위로 시간과 공간이 흡수되는 것 같았거든요. 소름이 돋았습니다. 떨어지는 나뭇잎을 통해 주님께서 이렇게 말씀하시는 듯했습니다.

"네 할머니의 죽음 때부터 내가 행복이란 좌우명으로 너를 사제로 부른 줄 알겠지만 그렇지 않다. 나는 네가 사제가 되기 직전에 네가 이런 청을 할 것도 알고 있었다. 그래서 네 앞에서 마지막 잎새가 떨어지게 함으로써 난 네가 태어나기 전부터, 이 세상에 창조되기 전부터 너를 부르고 있었다는 것을 깨닫게 하고 싶었다. 네가 지나가게 될 이 자리, 이 시간에 마지막 잎새를 떨어뜨려 너에게 확신을 주도록 세상 창조 이전부터 계획하여 이 나무가 이 자리에 심기고 그 마지막 잎이 네 앞에서 지금 떨어지도록 한 것이다."

이 모든 깨달음이 나뭇잎이 나무에서 떨어져 땅에 닿기 전에 일어났던 것 같습니다. 이후로 저는 주님께 응답을 받았다고 믿었습니다. 주님께서 말씀하지 않으신 것이 아니라 우리가 들을 준비가 되어 있지 않은 것입니다. 감사하게도 서품을 받은 이후 지금까지 사제로 살아가는 것을 단 한 번도 후회하지 않았습니다.

지난날 사제의 길인가, 결혼의 길인가를 고민하며 한 자매와 산에 올라 정자에 앉았습니다. 그때 바람 속에서 "나를 따르려거든 너 자신을 버리고 매일 너의 십자가를 지고 따라야 한다."라는 음성이 들리는 듯했습니다. 저는 결혼하지 않고 행복할 자신이 없었기에 십자가를 질 수 없다고 생각했습니다. 그랬던 저에게 '매일'이라는 말씀이 와 닿았습니다. 평생 독신으로 정결하게 살아야 한다면 어렵겠지만 오늘 하루를 참고, 내일은 또 하루를 참으면 어느덧 평생이 될 수 있습니다. 평생은 어렵지만 하루를 참는다는 것은 그리 어려운 일이 아닙니다. 그러면 세상 걱정 없이, 어떻게 하면 영혼을 구할 수 있는지만 생각하며 살 수 있습니다. 십자가도 오늘 것만 짊어지면 됩니다.

이처럼 우리는 기도할 때마다 힘을 얻습니다. 주님은 말씀으로 우리의 앞길을 밝혀 주시고 그 뜻을 따를 수 있는 힘도 주십니다. 기도를 해야만 우리는 지치지 않고 나아갈 수 있습니다. 그 길을 힘차게 나가기 위해 매일 기도로 힘을 얻어야만 합니다.

『죽음의 수용소에서』라는 책에서 빅터 프랭클은 왜 살아야 하는지 그 이유를 아는 사람은 그 어떤 상황도 견뎌낼 수 있다는 F. 니체의 말을 여러 번 반복한다. 기도를 통해 삶의 이유를 찾고 그 길로 힘차게 나아가야 한다는 뜻이다. 결국 우리 삶은 내가 누구인지에 대한 믿음으로 결정된다. 기도는 주님께서 함께 계심을 믿게 만들어 내가 주님의 사랑받는 자녀임을 가슴으로 받아들이게 한다. 이를 깨달은 사람은 어떤 어려움도 견뎌 내며 영원한 생명의 길로 나아갈 수 있다. 이것이 바로 신부님이 우리에게 전하고 싶은 주님의 뜻이다. "아무도 다른 이에게 악을 악으로 갚지 않도록 주의하십시오. 서로에게 좋고 또 모든 사람에게 좋은 것을 늘 추구하십시오. 언제나 기뻐하십시오. 끊임없이 기도하십시오. 모든 일에 감사하십시오. 이것이 그리스도 예수님 안에서 살아가는 여러분에게 바라시는 하느님의 뜻입니다."(1테살 5,15-18)

수원교구 전삼용 요셉 신부님은 2004년 사제품을 받았습니다. 유튜브 강론 채널 '순전한 가톨릭'을 운영하고 있습니다. 인기 동영상 '구원의 원리'는 10만 회에 달하는 조회수를 기록하며, 하느님의 구원이 어떻게 이루어지는지 이해하기 쉽게 가르쳐 줍니다. 또한 『더 높은 기도』 등 다양한 책을 출간했습니다. 현재 수원교구 조원동 주교좌성당 주임 신부입니다.

YOUTUBE @junsamyong-joseph
순전한 가톨릭(Mere Catholicism)

예수회
박종인 사도 요한 신부

사제 성소의 불씨는 어느 사이엔가,
저도 모르는 사이에 제게로 넘어왔나 봅니다.

이 집에 하느님의 축복이

박종인 신부님의 집안은 이 땅에 그리스도교 신앙이 전파된 때부터 신앙을 이어 온 집안이 아니다. 그럼에도 세 자녀 중 두 명이 수도자가 되었다. 첫째는 수녀님, 둘째는 수사 신부님 그리고 셋째는 수도회 입회를 꿈꿨으나 결국 결혼 성소를 통해 사랑스러운 두 딸의 아버지로 살고 있다. 성가정의 모범을 따라 살아올 수 있었던 데에는 누구보다도 아버지의 힘이 컸다고 말씀하신다. 하느님께서 당신의 큰 계획을 '성가정'이라는 공동체를 통해 드러내 보이셨으니, 신부님이 고백하며 살아온 하느님의 모습은 온전히 개인적인 영역처럼 보이지만 동시에 모두가 보고 느낄 수 있는 하느님이시다.

아버지는 강원도와 충청도의 경계 지역인 강원도 영월군 주천에서 태어나 대학 입학으로 서울에 오시기 전까지는 주천과 원주를 오가며 성장하셨습니다. 아버지는 친가의 종교적 분위기가 유교 쪽에 가까우면 가까웠지 가톨릭과는 거리가 있음에도 가톨릭 세례를 받으셨습니다. 당신과 친했던 고등학교 동창이 가톨릭 신자여서 그렇게 되었다고 들었습니다. 그 친구분이 얼마나 신앙생활에 열심한 사람이었냐면 아일랜드에서 오신 선교사 신부님의 복사와 비서를 자처할 정도였습니다. 그렇게 그분은 거의 성당에서 살다시피 하셨다고 했습니다.

아버지는 대학생 시절, 그 친구 덕에 선교사 신부님의 사제관에 놀러 가서 시간을 보내곤 하셨습니다. 그런데 신부님은 한 번도 아버지에게 세례를 받으라는 말씀을 하지 않으셨다고 합니다. 결국 아버지는 스스로 성당에 찾아가 교리반을 신청했고 세례를 받으셨습니다.

아버지 역시 삶의 의미와 가치에 대해 고민했고, 그런 성찰에 따른 그분의 자발적인 선택이 이후에 어떤 효과를 냈는지는 꽤 많은 시간을 거치며 본인도 그리고 당신의 가족들도 확인할 수 있었습니다.

아버지의 절친이던 고등학교 동창분을 빼고 아버지와 가톨릭을 연결해 볼 수 있는 다른 인척이 있다면 가톨릭 집안에 시집간 고모들입니다. 반면에 어머니는 가톨릭과는 거의 인연을 맺지 않고 성장한 분이셨습니다. 그렇다 보니 아버지를 만난 것이 가톨릭을 대면한 결정적인 계기였습니다.

하느님께서 주선하신 재회

어머니를 만났을 때 이미 신자셨던 아버지는 어머니 역시 하느님의 딸로 만들기로 결심했고, 어머니를 동네 성당의 예비 신자 교리반에 등록시켰습니다. 그 이후에는 정해진 수순대로 흘러갔습니다. 남들과 좀 달랐던 것은 어머니가 예비 신자 교리를 듣는 기간 내내 아버지가 어머니를 동반해서 교리에 빠지지 않고 다녔다는 사실입니다. 당시 교리반을 맡았던 수녀님은 약혼녀의 교리 시간에 함께 나와 답하기 쉽지 않은 질문들을 하며 존재감을 드러냈던 청년이 너무나 인상적이었다고 회고하셨습니다.

거슬러 올라가면 부모님의 만남이 저희 가정에 신앙의 꽃을 피운 셈이 됩니다. 아버지와 어머니의 결혼은 상당히 극적인 것이었습니다. 아버지의 대학 은사님은 대학 강단에 서기 전에 고등학교에서 잠시 교편을 잡으셨습니다. 어떤 일이 있어서 당신 집에 찾아온 제자에게, 당신이 전에 교편을 잡았던 여학교의 졸업 앨범을 보여 주시며 마음에 드는 사람을 골라 보라고 하셨답니다. 아버지는 앨범을 이리저리 넘겨보고는 한 사람의 사진을 찍었는데 그것을 보신 은사님께서 "역시 너 사람 볼 줄 아는구나."라고 하셨답니다. 그 사진의 주인공이 바로 제 어머니였습니다. 이렇게 아버지와 어머니 사이에는 공통분모로 같은 은사님이 계셨습니다. 그분이 다리가 되어 두 분은 만났고, 아버지는 사랑에 빠졌습니다.

하지만 이 만남이 오래가지 못하고 멈춰야 했던 것은 아버지가 군 입대를 해야 했기 때문이었습니다. 직접 만날 수는 없었지만 아버지는 군대에서 열심히 편지를 썼습니다. 그것도 날마다 말입니다. 문학청년이었던 아버지의 만년필 필체는 매우 멋졌습니다. 그 글씨체로 하루가 멀다 하고 편지를 띄웠던 것입니다.

이렇게 날아 오는 편지는 어느 집 큰딸의 연애 소식을 너무 두드러지게 드러냈습니다. 이로 인해 그전에는 조용히 스리슬쩍 넘어갔던 청춘의 사랑에 커다란 장애물이 등장했습니다. 다름 아닌 제 외조부께서 방해꾼 역을 자처하셨던 겁니다. 당신의 장녀를 아무에게나 주고 싶지 않았던 외조부께서는 편지가 오는 족족 모두 가로채 버리셨습니다. 외조부의 가로채기로 인해 제 어머니는 계속 편지가 오는지도 모르고 있었고, 더 이상 편지가 오지 않는 것은 둘 사이의 감정이 식어 가는 것이라 생각하며 마음을 정리했습니다. 하지만 편지는 계속 날아오고 있었습니다. 급기야 외조부께서 특단의 조치를 내리고 말았습니다. 당신 큰딸내미에게 날아오는 편지가 더 이상 오지 못하도록 당신이 직접 답장을 써 버리신 겁니다. "우리 딸이 얼마 전에 급작스레 죽었소."라고.

다시 만날 날을 희망하며 뜨거운 마음의 불을 담아 날마다 편지를 썼던 청년, 제 아버지 토마스 아퀴나스는 이 소식에 삶을 포기하고 싶었을 겁니다. 요즘 같았으면 탈영의 빌미를 제공했을 일입니다. 아버지는 깊은 실의에 빠졌지만, 시간이 지나면서 이 충격의 무게에 짓눌렸던 이성적 판단이 조금씩 회복됐습니다. 이즈음에 친구의 성당에서 만났던 신부님처럼 당신도 사제가 되면 어떨까 고민하기 시작했습니다.

군에서 제대한 아버지는 복학을 했고, 학교를 마치고 나면 당신이 나아갈 길을 구체적으로 설계해 볼 계획이었습니다. 그중 가장 마음이 가는 것이 사제의 길이었습니다. 그러나 그것을 선택하기에는 현실적인 난점들이 많았습니다. 우선 저의 조부, 즉 당신의 부친을 어찌 설득할지가 막막했습니다. 집안에서 가톨릭 문화를 이해할 사람이 사실상 아무도 없었고, 당신 자신이 장남이라는 것도 부모님을 설득하는 데 큰 약점이었습니다.

사실 아버지는 어느 날 갑자기 장남이 됐기에 어찌 보면 좀 억울한 사연을 가진 사람이었습니다. 원래는 위로 누나 세 명만 계셨던 것이 아니라 그 위로 형님이 두 분 더 계셨던 겁니다. 그런데 두 분 모두 중학생 연령 때 첫째는 낙상 사고로, 둘째는 원인을 알 수 없는 병으로 시름시름 앓다가 요절을 하셨답니다. 그때 제 조부의 연세는 서른 초반. 그전까지는 술을 입에도 안 대셨던 조부께서는 그 충격으로 술을 배우셨고 그때부터 술에 취하기만 하면 할머니께 폭력을 행사하셨습니다. 할머니가 아이들을 잘못 돌봐 빨리 죽었다는 논리였습니다. 그만큼 아들에 대해 애착이 크신 분이었습니다. 그런 분이 더 나이 들어 얻은 당신의 아들, 이제는 장남의 역할을 해야 할 아들이 사제의 길을 위해 신학교에 간다면 그것을 이해하실 리 만무했습니다.

그렇게 세월은 흘러갔습니다. 그러던 어느 날 저녁, 아버지는 당신의 미래에 대해 고민하며 종로 거리를 걷고 있었습니다. 그러다 갑자기 길 건너 맞은편에서 걸어오는 젊은 직장 여성과 눈길이 마주쳤습니다. 죽은 연인과 너무나 똑같이 생긴 사람이었기에 심장이 멎을 뻔 했는데, 죽었다고 믿었던 연인이 참말로 살아서 다가오고 있었던 겁니다.

사제의 길에 대한 아버지의 고민은 여기서 멈췄습니다. 이런 약속되지 않은 만남을 어느 누가 하느님의 뜻이 아니라고 부인할 수 있을까요? 두 분은 이 각본 없는 시나리오를 통해 의심 없이 결혼을 결정했습니다.

유산으로 넘겨받은 사제 성소의 꿈

이렇게 가정을 이룬 두 분 사이에서 차례로 딸이 태어났고, 이어서 아들이 둘 더 태어났습니다. 아버지는 대학 졸업 직후 잠시 회사에 다니시다가 중학교 교사로 채용되어 정년까지 충실히 자리를 지키셨습니다.

당시에는 교사만큼 안정적이고 괜찮은 직업도 없었지만, 하고 싶은 것이 많던 어머니와 직업을 구하기 위해 서울로 모인 조카들의 뒷바라지를 위해서는 많이 부족했던 살림이었습니다.

이 와중에 아버지는 우리 집안에서 성직자가 탄생하기를 은근히 기대하셨습니다. 한때 당신이 진지하게 생각했던 삶이기에 그러셨을 겁니다. 그래서 가톨릭 집안으로 시집갔던 큰고모가 아들만 다섯을 낳아 기르셨는데 그중 막내 조카가 신학교에 입학했을 때 아버지는 엄청나게 기뻐하셨습니다. 그러나 온갖 기대를 받던 사촌 형은 신학과 학부만 마치고 사제의 길을 중도에 포기했습니다. 그때 아버지의 실망감은 말로 표현할 수 없이 컸습니다. 그만큼 기대가 컸으니까요. 당시에 다른 사촌 형들을 모아 놓고 실망감을 토로하시던 아버지의 모습이 기억에 뚜렷합니다.

대신 저희 집의 첫째이자 장녀가 대학교를 마치고 수도회 입회를 선포하더니 한 해 동안 열심히 회사를 다니고 나서는 미련 없이 수도자가 됐습니다. 아버지는 스무여 해를 아무 말 없이 지내다 훅 치고 들어온 딸의 결정에 적잖이 당황하셨지만 이를 받아들이는 데 그리 오랜 시간이 걸리지 않았습니다.

이런 집안 분위기에 좀 더 민감했던 것인지 막내가 고등학교를 졸업하고 신학교 문을 두드렸습니다. 하지만 고배를 마셨습니다. 이듬해에는 외방선교회 쪽으로 지원을 해 봤습니다. 그런데 여기서도 입회 면접에서 탈락을 했습니다. 사제 성소를 접고 일반 대학에 가겠노라며 삼수를 하던 막내에게 이번에는 프랑스에서 한국으로 진출하려는 수도회의 입회 기회가 왔습니다. 아버지가 어떤 마음이었는지 모르지만 저는 반신반의하며 동생을 프랑스 리옹으로 떠나보냈습니다. 무소식이 희소식이라고 거의 두 해가 다 가도록 별다른 연락이 오질 않았습니다. 프랑스 현지에서 입회 준비를 하며 어학을 공부하는 기간이 두 해 정도라고 했으니 이제는 입회를 앞두고 소식이 올 것이라고 안도하고 있었습니다. 그런데 어느 날 아침, 집으로 걸려 온 전화에서 막내는 "이제 집으로 돌아가야겠다."고 했습니다.

사제 성소의 불씨는 어느 사이엔가, 저도 모르는 사이에 제게로 넘어왔나 봅니다.

삶에 대한 책임감

그즈음까지 저는 결혼 성소를 꿈꾸며 살고 있었지만 청춘사업에는 이상하리만큼 물꼬가 트이지 않고 있었습니다. 결혼을 한다면 부모님처럼 충실히 살고자 했습니다. 생각해 보면 집안에 재산이 풍족한 것도 아닌데 성실하고 충실하게 살겠다는 마음가짐 외에는 호구지책이 뚜렷하지 않았던 사람에게 동의해 줄 사람이 없었던 것은 너무나 당연한 일이었습니다.

저는 조금이라도 젊을 때 더 나은 세상을 짓는 데 공헌하는 것이 좋겠다 싶어 수도회 문을 두드렸습니다. 그리고 일사천리로 입회 과정을 밟고 서른의 나이에 예수회 수련원으로 세상을 떠나왔습니다.

제가 부모님으로부터 물려받은 신앙과 서로에 대한 충실함은 그대로 수도 생활 안에서 쓰였습니다. 이것저것 일을 벌이고 사람들을 환대했던 어머니의 기질과 당신이 사랑한 사람과 가정을 지키는 데 충실했던 아버지의 굳건함이 제게로 스며, 수도 생활에 중요한 덕목이 되었으니까요.

내 삶은 어디로 흘러가는가?

아버지는 겉보기에는 어머니에게 매우 가부장적인 태도를 취하셨지만, 결과적으로는 어머니가 바란 일을 다 들어주고 해결해 주는 데 생을 바친 분이셨다는 걸 얼마 전에야 알게 됐습니다. 좋을 때는 함께 있으나 상황이 어려워지면 떠나는 그런 사랑을 하지 않았던 분이 제 아버지이고 어머니라는 사실이 고마울 따름입니다. 저도 하느님께서 제가 바라는 일을 해 주실 때만 머물고, 난처한 상황이 되면 하느님을 떠나는 경솔함을 저지르지 않기를 바라며 살고 있습니다. 아버지로 시작된 저희 집안의 신앙은 그 이전에 아버지를 조용히 이끌어 준 친구의 선물이었다고 할 수 있습니다. 아버지가 그 친구와 우정을 맺지 않았다면 하느님을 아는 데 더 오랜 시간이 걸렸을 겁니다. 우정을 통해 찾아오신 하느님이 계셨던 겁니다. 좋은 은사님이 계셨고, 사랑하는 이에 대한 열정이 있었습니다. 장애물이 있었지만 하느님께서 주선하신 재회가 있었습니다. 그래서 저는 늘 제 주변의 사람들을 관찰하고 벌어지는 사건들의 의미를 하느님께 여쭈며 살아갑니다.

나이가 들어가면서 더욱더 사람들 사이에서 하느님의 목소리를 듣고자 합니다. 가난하고 힘이 없는 사람들의 이야기를 경청하는 데 좀 더 열심히 하려고 노력합니다. 특히 아이들의 말을 귀담아듣고자 합니다. 그들은 겸손함을 잃지 않게 해 주니까요. 그리고 듣기 좋은 이야기만 듣고자 하지도 않습니다. 좋거나 싫거나 모든 목소리를 들으라고 하느님께서 말씀하시기 때문입니다. 삶에는 끊임없이 아픈 구석이 있기에 지금 이 순간이 너무나 소중합니다. 이쯤 되면 받아들이지 못할 것도 거의 없으니까요.

늘 생각하지 못한 기쁨을 주시며 지금껏 이끌어 오신 분이 제가 알고 있는 하느님이심을 고백합니다.

보육 시설 꿈나무 마을에서 사목하고 계시는 신부님은 유머러스하고 따뜻하시다. 덕분에 청년들 대다수가 신부님을 통해 아버지의 사랑을 느끼며 건강한 청년으로 성장하고 있다. 상처가 감사로 변함에 따라 청년들의 외로웠던 삶에도 하느님의 사랑이 스며들고 있다. 초등학생을 위한 가톨릭스카우트 역시 꿈나무 마을 어린이들이 가장 기다리는 시간이 되었다. 그 안에서 초등학생들 대다수가 세례를 받았고 또 받길 희망한다. 신부님께서 살아오신 성가정이 꿈나무 마을에서 이루어지고 있다.

박종인 사도 요한 신부님은 1998년 예수회에 입회한 뒤 2008년 사제품을 받았습니다. 한국가톨릭스카우트연맹 부연맹장을 역임했고, 현재 세계가톨릭스카우트연맹 아시아-태평양 지역 대표 신부입니다. 또한 보육 시설 꿈나무 마을에서 소임을 맡고 계십니다. 저서 『교회상식 속풀이』는 오랫동안 사랑받고 있는 스테디셀러입니다.

서울대교구
이재을 사도 요한 신부

우리는 모두 사랑받고 존중받아야 합니다.

하느님의 뜻이 이루어진 군 생활

아픈 이들이 예수님을 만나고 참된 평화를 누릴 수 있도록, 그들 곁으로 다가가 친구가 되어 주고 있는 서울대교구 이재을 사도 요한 신부님. 예수님을 향한 사랑으로 살아가는 신부님이시기에 선택의 기로에서 언제나 좁은 문을 향한다.

태어나기 전부터 부모가 천주교 신자인 경우에 태중 교우라고 말합니다. 이북에서부터 신자였던 부모님 덕에 자연히 천주교 신자로 성장했습니다. 주일 학교는 당연지사였으며 초등학교 때부터 복사를 섰습니다. 성당에서 만난 형 동생들과 함께 소년 레지오, 살레시오회 모임을 하는 등 군 생활을 제외하고 주일 미사에 빠진 기억이 없어요.

아버지가 일찍 돌아가신 터라 집안 살림은 오롯이 어머니의 몫이었지만 일(장사)을 마치고 돌아오시면 자녀들과 함께하는 저녁 기도를 빠뜨리신 적이 없었습니다. 돌아가신 아버지를 위해서 십이 단 기도와 연도까지 바쳤습니다. 어머니의 공평함과 신심 아래서 형제들과 모두 하루도 거르지 않고 기도하며 신앙생활을 했던 것입니다.

예전 전방 군에 있을 때, 군종 신부님이 군 생활 25여 개월 만에 오셨습니다. 작고하신 수원교구 고건선 신부님이셨습니다. 전례에 익숙하지 않은 사병 60여 명과 첫 미사를 드렸습니다. 제가 미사 전례를 똑똑하게 한 덕분일까요. 고 신부님 눈에 들었고, 그분의 권유로 병사들에게 교리를 가르쳐 주게 되었습니다. 과거 주일 학교에서 교리만 받았지 한 번도 가르쳐 본 적이 없어서 걱정이 앞섰습니다. 신부님께서 포병 대대장에게 이를 제안하셨고, 신자였던 대대장의 허락 아래 각 포대에서 교리를 원하는 사병들을 모아 교리 교육을 시작하게 되었습니다. 명동 바오로딸 서원에서 교리서도 구입했습니다. 신학생도 아니고 군종 사병도 아닌 제가 일반 사병으로서 교리를 가르쳤는데도 그해 부활 시기에 17명의 사병이 세례를 받았습니다.

지금도 교리 교육 첫날이 생각납니다. 나름대로 최선을 다해 준비한 내용을 설명했지만 사병들은 눈만 껌뻑거릴 뿐 그 이상의 반응을 보이지 않았습니다. '아! 큰일 났구나!' 내용은 전달이 제대로 되었을까? 첫 교리 수업을 끝내고 문밖으로 나오자 눈앞이 깜깜한 것을 넘어 참담하기까지 했습니다. 내무반 밖으로 나와 바닥에 무릎을 꿇고 예수님께 "제가 교리를 했는데, 그들은 전혀 반응이 없습니다. 막막합니다. 앞으로 어떻게 해야 할지 모르겠습니다. 도와주십시오."라고 간청했습니다.

그 후 3개월 동안의 예비 신자 교리를 마치고 그들은 세례를 받게 되었습니다. 세례를 받은 사병들과 부대 내에서 공소 예절을 하고, 그들을 위한 공동체 모임도 만들었습니다. 부대 사병을 위해 야간 초소를 방문해 차 나눔도 했습니다.

제대 후에 고 신부님을 찾아뵈었습니다. 그 자리에서 "대신학교에 들어가면 어떻겠느냐?"는 제안을 받았습니다. 바로 응답하지 않았지만, 어릴 적부터 관심을 가져왔던 사제직을 깊이 생각하게 되었습니다. 입학한 뒤에는 고 신부님께서 장학금을 지원해 주시기도 했습니다.

다만 집에 경제적인 도움을 드리고 싶어서 대신학교 입학을 조금 뒤로 미루려고 했습니다. 그때 어머니께서 "사제가 되기로 결심했다면 그 길을 가면 되지, 가정을 도울 생각을 왜 하느냐?"고 분명하게 말씀하셨습니다. 어머니 말씀에 마음을 굳히고 바로 신학교에 입학해서 87년에 사제가 되었습니다.

말씀으로 일꾼을 세우고 사랑으로 사람을 살리다

신부님은 신자와 사제와 함께 상호 협력하는 소공동체 사목을 시작하셨다. 그 안에서 신자들이 성장했고 리더가 되었다. 사제의 은사와 영적 은혜가 사목적으로 활용되고 있는 것이다. 한편 신자들이 말씀으로 준비되고 오랫동안 서로 친교를 이어 나갈 수 있도록 동질 관계 중심의 소공동체 '사랑방'을 20여 년간 진행하고 계신다. 그 안에서 신자들은 구역, 반모임과 함께 더욱 친밀한 친교를 이어 가고 있다.

주임 신부로서 첫 소임지는 고척동 본당이었습니다. 부지 마련부터 성당 설립까지 7년 6개월의 기간이 소요되었습니다. 사목이 말씀 안에서 이루어질 수 있도록 전 신자 '365일 성경 읽기'를 시작했습니다. 성경 읽기 교재를 만들어 신자들이 가정과 직장에서 읽을 수 있도록 했고, 성당에서는 평일 미사 전에 정해진 분량의 성경을 읽었습니다. 영성체 후에는 그날 읽은 성경 내용 가운데 주요 부분의 풀이를 했습니다. 그 주간 주일의 독서와 복음을 중심으로 반장과 구역장을 위한 성경 강의도 했습니다. 성경 읽기를 주보에 공지해 매일의 지침과 내용을 제공하고 그 주간 성경을 임송했습니다.

행운동 성당에 있을 때도 사목이 말씀 안에서 이루어질 수 있도록 소공동체 사목과 함께 봉사자 양성 교육, 선교 센터를 만들고 교육 교재를 만들었습니다. 신자들에게는 단계적 봉사자 교육을 실시했습니다. 처음에는 사목위원, 구역장, 봉사자 등을 중심으로 100인 봉사자 교육을 1단계, 2단계에 걸쳐 시행했습니다. 세례 후 재교육도 했습니다. 성경 통독과 말씀 교육도 병행했습니다. 이후 낙성대동 성당에서 사목하며 연령, 문화, 가치관 등이 비슷한 동질 관계 중심의 모임 사랑방을 만들고 사랑방을 만들고 말씀을 묵상하며 친교를 나누었습니다. 본당에서 떠나온 신자들, 교적이 없는 신자도 본당 신자들과 친교를 나누며 자연스럽게 신앙생활을 할 수 있도록 한 것입니다.

뒤이어 부임한 공덕동 성당에서는 사랑방 교육을 위해 타 본당 신자들이 찾아오기 시작했고 광주대교구, 대구대교구, 수원교구, 전주교구 등으로 확장되었습니다. 5주 과정의 교육 프로그램을 수료하면 봉사자 교육을 합니다. 이후 3~4명이 한 그룹이 되고 주 봉사자와 부 봉사자가 중심이 되어 소공동체 모임을 시작합니다. 성찰, 대화, 말씀 묵상, 말씀 나눔, 실천 과정을 나눕니다. 가정의 중요성이 부각되면서 가정 사랑방도 했습니다. 부모와 자녀, 조부모와 조손이 함께 말씀을 읽고 묵상하면서 서로에 대한 기도와 대화와 말씀을 나눕니다. 사랑방을 통해 더 나은 가정을 이루어 가는 것입니다.

현재 18년째 이어지는 사랑방은 현대 사회의 공동체 선교에 도움이 될 것입니다. 구역반 모임과 함께한다면 사목과 선교의 실질적인 도움이 되고, 이는 본당 공동체의 안정화로 이어지기 때문입니다.

현대 사회는 직장, 활동, 관심사, 처지, 관계 등 공통분모를 가진 모임이 주를 이룹니다. 청소년들은 학교와 학업으로 인해 본당에 나오지 않고 있습니다. 신자 생활을 하는 데 어려움도 있습니다. 그들이 신앙생활을 하고 교회로 돌아오기 위해서는 새로운 소공동체가 필요

합니다. 선교는 하느님을 모르는 사람에게 세례를 주는 것만이 아니라, 신자들이 그리스도를 닮은 생활로 자신의 신앙을 쇄신하도록 처지와 환경에 맞게 돕는 것을 의미하기 때문입니다. 프란치스코 교황님이 강조하신 것처럼 교회 안팎의 모든 활동이 선교 패러다임이 되도록 해야 합니다.

각기 다른 시간에 부르심을 받은 이들을 위해

말씀으로 준비된 봉사자를 양성하는 일의 연장선에서 신부님은 창설자 고故 김택구 신부님의 뒤를 이어 천주교 서울국제선교회의 대표를 역임하셨다. '받는 교회'에서 '주는 교회'로 변화하는 길목에서 설립된 서울국제선교회는 2004년 설립 이후 11명의 사제를 배출, 볼리비아, 파나마, 페루 등 3개국에서 선교 사업을 수행하고 있다.

서울국제선교회에 입회한 신학생은 파나마 현지 성요셉대신학교에서 공부합니다. 수업은 스페인어로 진행되며 철학과 신학 등 8년의 과정을 밟습니다. 부제품을 받은 후, 서울대교구 대신학교에서 1년을 공부하고 서울대교구에서 사제품을 받습니다. 선교사로서 중남미로 파견됩니다.

천주교 서울국제선교회의 성소자들은 20대 초반부터 30세 중반까지입니다. 한 자립 준비 청년이 선교 사제의 지향을 두고 있어, 서울국제선교회 대표로 몸담은 시간을 토대로 청년과 함께 한 걸음, 한 걸음 천천히 나아가고 있습니다.

2016년부터 지금까지 성빈첸시오아바오로회 서울대교구 사제로 있습니다. 2023년부터는 빈첸시오 한국이사회 담당 사제로도 함께하고 있습니다. 부임과 동시에 빈첸시오 말씀 직분 교육과 피정을 실시했습니다. 지구 담당자와 교구의 직제에 맞춰 직분자를 선임하고 지구를 지역 조직으로 보강했습니다. 중서울, 동서울, 서서울 지역으로 지역장을 선발해 지역을 안정화시키는 등 본당과 연대해 교회 안에 뿌리를 내릴 수 있도록 노력했습니다. 매년 김장을 해 서울에 있는 200여 개 본당에 골고루 나누기도 했습니다. 미얀마 등 해외 극빈층을 위해서도 여러 가지 사업도 수행하고 있습니다.

성빈첸시오아바오로회 서울 이사회가 있는 가톨릭회관 706호에서는 월요일부터 금요일까지 오전 10시 30분에 미사를 드립니다. 각각의 사정으로 어려움을 겪는 신자들과 함께 미사를 드리는 것입니다. 주님 안에서 모두가 함께 연대할 수 있는 기쁜 시간입니다. 미사를 드린 뒤에는 함께 대화를 나눕니다. 도움을 요청하는 이에게는 그 길을 안내하고 강복합니다.

예수님의 생명을 그에게 불어넣어 줄 때

가톨릭회관으로의 출퇴근길, 신부님은 거리에서 살아가는 이웃의 곁을 그냥 지나치지 않는다. 그들과 섞이고 스미기를 주저하지 않는 신부님의 사랑은 그들의 마음을 녹이고 작은 희망을 싹틔운다. 덕분에 그들이 위로를 받는다.

우리는 모두 사랑받고 존중받아야 합니다. 한 사람, 한 사람을 소중하게 여기는 것이 바로 복음의 시작입니다. 누워 있는 사람을 일으켜 세우는 것은 힘든 일입니다. 듣지 못하는 이에게 교회의 길을 전달하는 것 또한 단번에 이루어지지 않습니다.

아울러 선교는 사제나 수도자만이 하는 것이 아니라, 본당이나 공동체에서 말씀으로 준비된 평신도와 함께하는 것입니다. 사제 및 수도자가 끌고 신자들이 밀면서 협력한다면 공동의 선을, 기쁨을 이루어 갈 수 있습니다.

현재 노숙인 등 소외받는 이웃을 위한 길벗사랑공동체, 각 세대가 공감하고 생활하는 사단법인을 신자들과 함께 사목하고 있습니다. 청년 신자들과 함께 서울역, 노량진, 영등포에서 생활하는 쪽방촌 사람들에게 도시락을 나누고 미사도 드립니다. 은평구 등지에는 자립 준비 청년들을 위한 공동체 가정을 마련해 신자들과 함께 참여하고 있습니다. 주님의 일을 교회 안팎에서 신자들과 함께할 수 있어 무척 감사합니다. 사랑으로 함께 공동의 선을 살아가는 것은 참으로 아름다우니까요.

특히 자립 준비 청년들과 만나고 그들과 복음을 나누며 미사를 드릴 수 있음에 감사합니다. 그들이 성장하는 데는 긴 시간이 필요할 것입니다. 그러나 그들이 일어나서 올바른 길을 향해 걸어가는 것을 보면 행복합니다. 삶이란, 하느님 나라란 엉킨 실타래를 하나씩 풀어 가며 성장하는 것이라고 생각합니다. 힘들 때도 있습니다. 하느님의 자비하심과 이끄심을 청합니다. 하느님의 자비심을 입을 때 비로소 사랑을 실천할 수 있다고 생각합니다.

사람은 끊임없이 배우고 성장하는 존재라고 생각합니다. 결국은 세상을 떠날 존재이기도 합니다. 건강, 돈, 명예, 권력 등도 그 자리에 영구히 머물러 있지 않습니다. 세상에 사는 동안 이 모든 것을 가장 필요한 순간에 사용할 수 있다면 아름다운 쓰임이 될 것입니다. 인간이 누리는 것 가운데 영원한 것은 없습니다.

생명과 구원을 주시는 주님, 이 모든 것을 이루시는 주님을 향해 살아갑니다. 그 소임을 주신 주님께 사제로서 나아가고자 합니다.

> 사제의 뒷모습은 신자들에게 나침반이 되어 준다. 신부님의 뒷모습은 따뜻하고 겸손하며 청빈하시다. 고요한 뒷모습과 달리 발걸음은 언제나 분주하시다. 찾아가야 할 곳도, 신부님을 기다리는 곳도 많기 때문이다. 여명이 밝아 올 때는 어김없

이 그날의 복음 말씀과 묵상을 적으신다. 뒤이어 말씀 꽃송이라 하여 그날그날 복음 속에서 우리가 실천해야 할 청함, 감사, 말씀, 용서, 진리, 외로움, 선교의 올바른 자세를 가르쳐 주신다. 덕분에 많은 신자들이 그날의 말씀과 삶을 대하는 올바른 태도로 하루를 시작할 수 있다.

서울대교구 이재을 사도 요한 신부님은 1987년 사제품을 받았다. 고척동, 행운동, 낙성대동, 공덕동 본당 주임 신부를 거쳐 현재 서울대교구 성빈첸시오아바오로회 한국이사회 담당 사제를 맡고 있다. 또한 길벗사랑공동체, 서울대교구 양업 교육 문화원 지도 사제이다. 정기적으로 노숙자 시설과 자립 준비 청년이 생활하는 공동체 가정을 방문해 미사를 집전한다. 어느 시인의 시구절처럼 '안이함을 뿌리치고 언제나 하느님으로부터 아름다움과 희망, 기쁨과 용기'를 얻고 있으니, 신부님이 계신 곳은 빛과 생명이 있다.

수원 성빈센트드뽈자비의수녀회
정배연 루피나 수녀

내 몫의 일을 주님께서 해 주신다는 뜻이었구나.

주님이 채워 주신 사랑으로

주님의 한결같은 사랑, 따스한 손길은 지금도 정배연 루피나 수녀님의 가슴을 두근거리게 한다. 세상에 태어나기 전, 생명의 씨앗일 때부터 하느님께서 선택하셨음을 느끼고 믿기 때문이다. 수녀님은 생각과 마음을 온전히 꿰뚫으시는 하느님께서 구원의 손길을 건네고 계심에 늘 감사하다고 말씀하신다.

　성당에 나가고 싶다는 마음이 불처럼 타오르기 시작했습니다. 용기를 내서 1월 어느 평일에 성당에 갔는데, 문이 닫혀 있었고 사람도 없었어요. 소극적인 성격에 발길을 돌리고 말았습니다. 이후 한 번 더 성당을 찾았지만 역시나 문이 굳게 닫혀 있었어요. 결국 신자인 친구에게 "나 좀 데려가 줘."라고 부탁했습니다. 3년간 애를 태운 덕분일까요? 교리 시간 내내 하늘에 떠 있는 기분이었어요. 땅을 딛고 서 있다는 것이 믿기지 않을 만큼 온 마음이 하느님을 향한 것입니다. 주보에 나온 시편도 너무 맛있게 느껴졌어요. 세례를 받고 신부님의 권유로 청년 빈첸시오회에 가입했습니다.

소박하지만 정갈함을 잃지 않은 어르신들을 뵈며 가난한 이웃과 함께하는 삶에 점점 끌렸습니다. 반면에 심한 악취와 벽면 가득 번진 곰팡이, 수시로 출몰하는 쥐로 인해 방문이 두려울 때도 있었고, 도망치고 싶을 때도 있었습니다.

그럼에도 문득문득 찾아오는 잔잔한 기쁨과 평화는 하느님의 현존을 느끼게 해 주었습니다. 육신의 고달픔을 뛰어넘는 평화! 이는 하느님 현존의 신비였고, 빈센트 수녀원의 문을 두드리는 동력이 되었습니다.

수녀원에서의 삶이 막연히 꿈꿔 왔던 삶과 달라 힘든 시간을 보내기도 했지만 덕분에 제 자신의 지향을 정화할 수 있었습니다. 우리가 해야 할 일은 하느님의 뜻을 이루는 데 협조하는 것이라는 사실을 알게 된 것입니다. 가난한 이웃을 돕는 일이 하느님의 일처럼 보이지만 사사로운 욕심이나 자애심으로 가득 재워져 있다면 자신의 일이 될 수도 있거든요. 그로 인해 주님께서 하실 일이 점점 줄어들게 되는 것입니다.

고통의 한가운데서 아파하고 있을 때는 우리와 함께 아파하시는 주님을 느낄 수 있어야 해요. 주님께서 함께하심을 믿는다면 빛과 생명, 평화를 향해 나갈 수 있거든요. 관건이 되는 것은 그러한 주님을 알아볼 수 있는 영안을 가져야 되는 것이죠.

저는 기도 안에서 '나는 누구이며 하느님은 누구신지' 끊임없이 질문해 봅니다. 이것이 저의 내면을 정화시켜 주는 첫 디딤돌 같았습니다. 성소가 활동에 있다 해도 관상 없는 활동은 하느님께 향할 수 없다는 것을 알기 때문입니다.

이렇게 끊임없이 개인 기도, 묵상, 성찰의 시간을 통해 하느님과의 작업이 이루어지면 비로소 활동 안에서 관상이 되고, 이웃을 통해 하느님을 만날 수 있었습니다.

복음 관상을 할 때도 마리아처럼 예수님 발치에서 그분의 말씀을 듣고 파스카의 여정에 참여하는 동안 고통받는 예수님과 함께하고 그분의 상처를 닦아 드리다 보면 그분의 어마어마한 사랑에 감사함이 솟구칩니다. 이 모든 것이 하느님 안에서의 활동입니다.

이러한 기도 체험으로 이제는 누구를 만나도 두려움 없이 손을 잡아 줄 수 있게 되었습니다. 하느님께서 당신의 사랑을 끊임없이 제게 부어 주신 결과입니다. 주님의 놀라운 은총 안에서 저 역시 사랑이 필요한 이웃을 만나 사랑을 나눌 수 있게 된 것입니다.

부르짖을 때 찾아와 주시는 하느님

한때는 질병으로 신음하던 이들의 상처를 닦아 내는 일이 두려웠던 적도 있었다. 그러나 기도의 체험은 수녀님에게 큰 힘이 되었다. 연피정 중 강도 만난 사람을 돌본 착한 사마리아인을 묵상하며, 피 흘리고 누워 있는 사람에게서 예수님이 보였고 동시에 자신의 모습이 보였다. 신비로운 체험을 통해 조금씩, 조금씩 예수님의 시선으로 이웃을 바라볼 수 있게 된 것이다.

가난의 사전적 정의는 재물의 어려움을 말합니다. 가난을 신앙의 차원으로 바라볼 때 궁극적으로 하느님을 필요로 하는 사람들 모두가 가난한 사람들이라고 봅니다. 목마름이라고 표현할 수도 있습니다. 경제적으로 풍요롭다 해도 만족할 줄 모른다면 이 또한 목마름이니까요.

우리는 불완전한 존재입니다. 우리 자신과 타인에 의해, 또는 굶주림과 질병, 부조리와 갈등, 고독과 폭력 등으로 불행할 수밖에 없습니다. 자신이 처한 곤궁을 해결해 줄 수 있는 분은 오직 한 분, 하느님뿐이심을 깨닫고 부르짖을 수 있어야 합니다. 부르짖을 때 그분이 이웃을 통해 우리를 찾아와 주시니까요.

자선도 그 시작은 자신의 나약함을 온전히 받아들이는 것에서 출발합니다. 자신의 힘만으로는 사랑과 용서, 자비와 선을 행할 수 없기 때문입니다. 하느님의 은총이 있어야 가능한 일입니다. 그렇지만 우리는 하느님께 나아감에 있어 자신의 나약한 모습, 죄에 물든 모습을 보여 드리길 두려워하고 부끄러워합니다. 아마도 하느님을 두려운 존재로 여겨서 그런지도 모릅니다. 또한 가장 공경해야 할 존재로, 흠 없는 제물을 드리고자, 멋진 모습을 보이고 싶은 마음에서 비롯된 것 아닐까 생각합니다. 그 모습이 마치 흠 없는 제물을 하느님께 바쳐 드리는 구약 성경을 연상케 합니다. 그러나 주님께서는 사무엘기 상권 15장 22절을 통해 그렇게 하지 않아도 된다고 말씀하십니다.

"주님의 말씀을 듣는 것보다 번제물이나 희생 제물 바치는 것을 주님께서 더 좋아하실 것 같습니까? 진정 말씀을 듣는 것이 제사 드리는 것보다 낫고 말씀을 명심하는 것이 숫양의 굳기름보다 낫습니다."

하느님께서는 당신 말씀에 귀 기울이는 우리의 마음을 보십니다. 또 나를 나보다 더 잘 아시고 사랑하시는 분입니다. 있는 그대로의 나를 고백하고 부르짖을 때 그분께서 우리를 향한 당신의 사랑을 알게 해 주시고, 우리를 도와주실 수 있다는 뜻입니다. 받은 만큼만 돌려주는 것이 인간의 사랑이라면 하느님의 사랑은 그 모든 것을 뛰어넘습니다. 아주 작은 것을 드린다 해도 마음을 보시고 넘치도록 축복을 부어 주시거든요.

가난은 이처럼 다양한 의미를 내포하고 있습니다.

법원에서 소임을 맡으면서 부부가 여러 가지 문제로 갈등을 겪는 것을 보게 됩니다. 이혼 후 다시 새 삶을 살기 위해 혼인 무효 소송을 진행하는 분들을 보면서도 가난에 대해 생각합니다. 자기애가 강할수록 배우자에게 집착하고 상대방에게 요구하는 것이 많다는 것을 봅니다. 이 역시 목마름입니다. 자신이 원하는 바를 상대방에게 걸고, 그것이 채워지지 않으면 서운함을 넘어 미움이 생깁니다. 하느님께 부르짖어야 하지만 그 사실조차 모를 때가 많습니다. 반면에 건강한 부부는 하느님 앞에서 각각 독립된 존재로 바로 서 있습니다. 하느님을 바라보고 하느님을 향해 나가면서 서로를 존중하고 부족함을 채우며 협력하는 것입니다. 부부 사이에 하느님이 계시다는 것을 알기 때문에 서로에게서 예수님을 바라볼 수 있는 것입니다. 갈등이 생길 때조차 이해하려고 노력하고 감싸 줄 수 있게 되는 거죠.

자녀를 바라볼 때도 마찬가지입니다. 자녀를 주님 안에서 소유가 아닌 하느님께 속한 독립된 존재로 받아들이는 것입니다. 이렇듯 가족에게서 예수님을 만나기 위해서는 끊임없는 기도가 필요합니다. 특히 어려움과 고통을 겪을 때는 하느님께 의탁하며 부르짖고 또 부르짖을 수 있어야 합니다.

상대의 치유되지 않은 내적 상처가 폭력, 불륜 등으로 투시되어 드러나는 일을 겪을 때 혼인 생활을 유지하기 얼마나 어려운지…. 우리들이 느끼는 고통의 크기만큼이나 하느님도 아파하실 겁니다.

혼인에 앞서 신앙 안에서 삶의 지향이 정화되고 독립된 존재로 바로 서는 준비가 필요한 까닭입니다.

내 몫을 당신께서 해 주신 주님

고통받고 있는 이를 외면한다는 것은 그 사람 안에 계신 예수님의 고통을 외면하는 것과 다르지 않다. 가장 보잘것없는 이에게 건넨 한 잔의 물이 예수님께 해 드린 것이기 때문이다. 그 사실을 깨닫게 될 때 비로소 우리는 마주한 사람에게서 하느님을 만날 수 있다.

본당에서 소임을 맡았을 때 보좌 신부님과 갈등을 겪었어요. 당시는 제가 일방적으로 당하는 것 같아 무척 고통스러웠습니다. 기도 중에 십자가 위에서 피 흘리시며 고통받는 예수님이 보였습니다. 주님께서 나와 함께 고통받고 계시다는 것이 느껴지며 큰 위로가 되었어요. 그리고 이웃 안에서 주님을 만난다는 것 나아가 그를 섬겨야 한다는 것의 의미도 서서히 깨닫게 되었습니다. 어머니가 아프셨을 때 비슷한 체험을 했습니다. 어머니 안에 계신 주님을 만났고 주님께서 저보다 더 어머니를 사랑하신다는 사실도 깨닫게 되었습니다. 주님께서 은총을 베풀어 주신 덕분입니다.

당시 어머니는 낡고 비좁은 시골집에서 혼자 생활하셨습니다. 형제들이 모두 외국에 살고 있었기 때문이죠. 더 이상 혼자 계실 수 없을 때가 왔지만, 여전히 당신의 낡은 집에서 생활하신다고 고집을 부리셨어요.

"주님 제가 어떻게 해야 할까요?"

기도의 응답은 '네 몫이다.'였습니다. 미동하지 않는 어머니, 어머니를 모실 수 없는 저의 처지에서 갈등하던 제게 '네 몫'이라는 주님의 응답은 모든 것을 내려놓을 수 있는 힘이 되어 주었습니다. 마음은 편안해졌지만 뒤이어 '어떻게'라는 질문이 떠올랐습니다.

"주님, 당신은 아시잖아요. 수녀인 제가 어떻게 어머니를 모실 수 있습니까?"

동시에 마음에서 내적 갈등이 일어나기 시작했습니다. 어머니도 돌봐 드릴 수 없으면서 가난한 이들을 모시겠다며 수도 생활을 하는 것이 합당치 않게 느껴졌거든요. 그때 처음으로 제 성소를 걸고 기도를 드렸습니다.

"주님, 어머니를 모시는 것이 제 몫이라면 응답해 주세요. 수도원을 떠나겠습니다."

머지않아 주님께서 "내가 하겠다."라고 응답하시는 것이 느껴졌어요.

'내 몫의 일을 주님께서 해 주신다는 뜻이었구나.'

그때부터 거짓말처럼 어머니를 향한 제 시선이 확연하게 달라졌습니다. 기쁜 마음으로 어머니를 찾아뵐 수 있게 된 것입니다. 제가 없을 때는 다정하고 꼼꼼한 주간 보호사가 오셔서 어머니를 돌봐드렸어요. 걱정과 불안으로 꽉 찼던 마음이 하느님으로 가득 채워지면서 평화가 찾아온 것입니다.

어머니를 찾아뵐 때마다 다독거려 드리고 씻겨 드리고 안아 드리고 식사도 챙겨 드리다 보니 어머니를 향한 사랑이 점점 더 커졌습니다. 하느님께서 부어 주신 사랑으로 제가 변하게 된 것입니다. 연로하신 어머니를 돌보는 것이 제 몫이었다면 그 일을 해 주신 분은 온전히 주님이셨습니다. 어머니가 선종하신 뒤에도 하느님의 사랑과 일하심은 계속되었습니다.

일단 외국에서 생활하던 형제들이 귀국하려면 시간이 걸렸습니다. 어찌 된 일인지 이모님을 제외한 친척들과도 연락이 닿지 않았습니다. 가톨릭 집안이 아니었으니, 친척들과 연락이 닿았다면 병원에서 전통적인 절차로 장례가 진행될 수밖에 없었을 것입니다. 성당에서 장례 미사를 드리는 것도 어림없는 일이었을지 모릅니다. 그러나 하느님께서는 앞서 약속하신 그대로 모든 것을 당신이 직접 해 주셨습니다.

먼저 동창 수녀들이 장례 절차를 도왔습니다. 뒤이어 친한 친구가 달려와 주었는데 어머니가 다니시던 본당 신부님이 마침 친구 남편의 장례 미사를 주례하신 분이었어요. 친구가 신부님과 연락을 주선해 줘서, 본당 주임 신부님과 연령 회장님의 도움을 받을 수 있게 되었습니다. 당시 성당은 가건물 상태였고, 그중 한곳에 냉동관이 있었습니다. 덕분에 병원에 계신 어머니를 성당으로 모셔와 장례를 치를 수 있었습니다.

어머니를 돌봐 드리고 장례를 치르는 모든 일이 제 몫이었지만 그 중심에는 하느님이 계셨던 것이죠. 하느님께서 일사천리로 해 주셨다는 설명 이외에는 표현할 길이 없으니까요. 다행히 장례가 끝나기 전에 올케도 귀국해서 어머니의 마지막 길을 함께했습니다. 지난날의 저였다면 형제들에게 서운한 마음이 앞섰겠지만 하느님께서 함께 일해 주고 계셨기에 그저 고맙기만 했어요. 귀한 손님 모시듯 대하자 해묵은 오해와 갈등이 풀리고 저절로 화해가 이루어졌습니다. 정말 신기했어요. 주님께서 다 해 주신다는 말씀을 몸소 체험하면서 버겁게 느껴졌던 어머니에게서, 한없이 서운했던 형제들에게서 주님을 만날 수 있게 된 것입니다.

영적 지도 역시 제가 하는 것처럼 보이지만 실은 하느님께서 그 사람 안에서 일하시는 것입니다. 제가 해야 할 일은 인내심을 갖고 기다려 주는 것뿐이에요. 하느님의 사랑과 자비를 체험한다면 우리 안에서 그리고 상대방 안에서 살아 계신 하느님을 만나게 됩니다. 용서하고 사랑할 수 있게 되는 것이죠. 살아갈 힘도 얻게 됩니다. 아빌라의 성녀 데레사의 말씀처럼 모든 것은 다 지나가고 하느님만이 영원하시니까요.

> 빈센트 성인은 "가난한 이들은 우리의 주님이시다."라고 하셨다. 그러나 현실에서는 가난한 사람들에게서 주님이 보이지 않을 때가 많다. 그럴 때마다 수녀님은

"주님 어디 계세요?"라고 묻고 또 물었다. 기도 중에 드리는 수많은 질문에 주님은 말씀으로 답하시며 한 걸음씩, 한 걸음씩 수녀님의 발걸음을 인도하셨다고 한다. 질문이 주님께로 나아갈 수 있는 징검다리가 되어 준 것이다. 그 시간을 거쳐 왔기에 이제는 가난한 사람들 안에 주님이 계신다는 것을 고백할 수 있게 되었다. 하느님은 영이시니, 영을 느끼고 바라볼 수 있게 된다면 이웃의 모습에서 주님을 만날 수 있게 된다는 뜻이다.

정배연 루피나 수녀님은 1992년 10월에 수원 성빈센트드뽈자비의수녀회에서 수도 생활을 시작, 2002년 10월에 종신 서원을 했습니다. 요즘에는 '이웃 사랑의 사도' 빈센트 성인이 걸었던 하느님과 이웃 사랑의 길로, 가난한 이웃 안에 계신 주님을 알아보고 섬기도록 불러 주신 성소를 다시금 발견하는 시간을 보내는 한편 교구 법원에서 소임을 다하고 있습니다.

후기

하느님께서 굽어보시어

외할머니가 주신 십자고상을 보며 하느님께 처음으로 기도를 드리기 시작했습니다. 열 살 무렵부터는 매일 밤 주님의 기도를 바치고 하루 동안 있었던 일을 하느님께 말씀드리다 잠이 들었습니다. 하느님께서 해님과 달님의 모습으로 우리를 내려다보고 계신다고 생각하며 '달님 이야기'라는 제목의 글을 정성껏 쓰기도 했습니다. 하느님께서 세상을 내려다보시고 하루 동안 선한 일을 한 사람에게는 상을, 나쁜 일을 한 사람에게는 벌을 주시는 내용이었습니다.

그랬던 제가 오랜 세월이 흐른 뒤, 단 한 번뿐인 소중한 삶에서 성소를 식별하고 수도자 및 성직자로서의 삶을 살아가시는 분들의 이야기를 기록하고 있다는 것이 신비롭게 느껴집니다.

작업을 시작하게 된 계기는 온전히 제 의지였습니다. 정해진 것은 하나도 없었습니다. 하느님께서 원하시면 잘될 것이라는 믿음으로 한국순교복자수도회 이성호 레오나르도 신부님과 함께 한 걸음, 한 걸음 앞을 향해 나갔습니다.

첫 인터뷰에서 저는 소박한 영성의 위대함을 깨닫게 되었습니다. 우리와 함께하시는 하느님은 고요하시고 잔잔하시며 평화로우시다는 것을 알게 되었으니, 일상에서 고요한 하느님을 만나기 위해 노력하게 되었습니다. 하느님의 사랑을 기록함에 있어 특별한 수사법도 화려한 미사여구도 필요하지 않다는 것 또한 알게 되었습니다.

사제가 되는 길목에서 거대한 벽에 부딪혀 계속해서 좌절할 수밖에 없었던 신부님의 첫 미사 강론을 들으며, 신부님의 여정을 하느님께서 세상에 전하길 원하셨다는 것이 느껴졌습니다. 그때부터 제 의지가 아닌, 하느님의 이끄심에 따를 수 있도록 기도드리며 성령을 청했습니다.

행복한 신부님, 수사님, 수녀님을 만나 뵙고 하느님께서 역사하신 순간순간을 들으며 기록할 수 있도록 허락해 주신 하느님께 감사드립니다.

세상의 행복을 뒤로하고 온 생애를 걸어 하느님의 부르심에 응답하신 분들의 용기에도 감사를 드립니다. 덧붙여 지금처럼 앞으로도 기쁘게 살아가시길 기도드립니다. 축성 생활의 기쁨을 삶을 통해 드러내실 때 보다 많은 사람들이 하느님을 향해 나아가는 기쁨을 깨닫고 말씀 안에서 살아갈 수 있을 테니까요.

아름답고 소중한 이야기를 그릴 수 있어 즐거웠다고 말하는 친구 안젤라와 함께, 성바오로출판사의 모든 분들께도 깊이 감사드립니다.

엮은이 한경아 아녜스